KB234547

결국엔
모두들
마흔을
지난다

결국엔 모두들 마흔을 지난다

초판 1쇄 발행 2015년 10월 12일

지은이 최영철
발행인 송현옥
편집인 옥기종
펴낸곳 도서출판 더블:엔
출판등록 2011년 3월 16일 제2011-000014호

주소 서울시 강서구 마곡서1로 132, 301-901
전화 070_4306_9802
팩스 0505_137_7474
이메일 double_en@naver.com

ISBN 978-89-98294-17-5 (13320)

※ 이 책은 저작권법에 따라 보호받는 저작물이므로 무단전재와 무단복제를 금지하며, 이 책 내용의
  전부 또는 일부를 이용하려면 반드시 저작권자와 더블:엔의 서면동의를 받아야 합니다.
※ 이 도서의 국립중앙도서관 출판시도서목록(CIP)은 서지정보유통지원시스템 홈페이지(http://seoji.
  nl.go.kr)와 국가자료공동목록시스템(http://www.nl.go.kr/kolisnet)에서 이용하실 수 있습니다.
  (CIP제어번호: CIP2015024994)
※ 잘못된 책은 바꾸어 드립니다.
※ 책값은 뒤표지에 있습니다.

도서출판 더블:엔은 독자 여러분의 원고 투고를 환영합니다. '열정과 즐거움이 넘치는 책' 으로 엮고자 하는
아이디어 또는 원고가 있으신 분은 이메일 double_en@naver.com으로 출간의도와 원고 일부, 연락처 등을
보내주세요. 즐거운 마음으로 기다리고 있겠습니다.

결국엔
모두들
마흔을
지난다

최영철 지음

나는 더 이상
행복을
미루지 않기로 했다

더블:엔

'벌써 내 나이 사십이라고? 몸과 마음은 별로 달라진 게 없는데, 이미 삶의 중반 고개에 접어들었다니, 정말 실감이 안 나!'

나이 마흔을 앞두고 이런저런 상념에 젖어 있을 때, 느닷없이 사건들이 연달아 터졌다. 아버지의 갑작스런 죽음과 본의 아닌 퇴사 압력. 인생에서 가장 견디기 힘든 순간을 한꺼번에 마주하게 된 것이다. 마치 마흔을 앞두고 꼭 거쳐야만 하는 '인생 신고식'이라는 생각도 들었다. '이 위기를 과연 어떻게 넘겨야 할까?'

나 자신에게 아무리 질문을 던져보아도 답이 보이지 않았다. 그즈음, 아내가 한 권의 책을 건네주었다. 하지만 쳐다보지도 않았다. '마음이 이렇게 아프고 힘든데, 한가하게 책은 무슨 책이야!'

내 주위를 둥둥 떠다니는 가느다란 지푸라기라도 잡고 싶은 간절한 심정이었지만 현실적으로 내가 의지할 곳은 그 어디에도 없었다. 심한 불면증으로 잠 한숨 못 자고 뒤척이다가 몇 달 전에 아내가 건네준 책이 갑자기 눈에 들어왔다. 호기심에 이끌려 몇 쪽을 넘겼는데, 마치 기다렸다는 듯이 내 마음이 책 속으로 쭉! 빨려 들어가기 시작했다. 시간의 흐름조차 느끼지 못할 정도로 몰입해서 읽다 보니, 까만 밤이 하얗게 새고 있었다.

그 때부터였다. 책은 내 삶의 변곡점이 되어주었다. 현실이 괴로울 때면 책에 의지해 묵묵히 견딜 수 있는 힘을 얻었다. 그렇게 나는 마흔 생의 신고식을 씩씩하고 꿋꿋하게 치렀다. 힘이 들고 괴로울 때면 늘 책에게 물었다.

그 때마다 책은 내게 똑같은 대답을 해주었다.

"이미 답은 네 안에 있어. 다만 네가 아직 그것을 발견하지 못했을 뿐이야."

힘들고 괴로웠던 순간마다 늘 든든한 친구이자 선생이 되어준, 내 손을 거쳐간, 수많은 '冊님'들께 깊은 감사를 전한다. 그 가르침을 통해서 나는 더 이상 8년 전의 내가 아니다. 나를 보며 아내는 "어떻게 사람이 변해도 이렇게 변할 수 있지!"라며 감탄사를 자아낸다.

마흔 문턱에 들어선다는 것은 그리 호락호락한 일이 아니다. 정신적으로나 육체적으로나 더 이상 물러설 곳이 없어져 버렸다는 위기감이 가장 고조되는 시기이기 때문이다. 물론 그런 현실을 애써 외면하며 무시하는 이들도 많다. 하지만 불거질 대로 불거진 문제들은 지금 당장 피한다고 해서 영원히 내 앞에서 사라지는 것은 결코 아니다. 어떤 식으로든 마음 깊은 곳 어딘가에 잠재해 있다가 언제라도 나를 다시 덮쳐오기 마련이다.

살아가며 생겨나는 많은 문제들을 피하거나 외면하기만 해서는 안 된다. 특히 당신이 마흔을 앞둔, 혹은 마흔을 지나고 있는 입장이라면 더욱 말이다. 내 문제는 결국 내가 스스로 풀어야 한다. 당신의 문제는 당신이 직접 나서야만 한다는 게 지금 내가 당신에게 해줄 수 있는 최상의 조언이다.

흔히들 "이래도 한평생 저래도 한평생 아니냐"라고 쉽게 말하지만 마흔을 지나는 입장이라면 그렇게 무책임하게 말을 해서는 안 된다. 내 인생에 대한 예의가 아니기 때문이다. 나이 마흔이 됐든 오십이 됐든 내 인생은 내가 직접 '살아가야 하는' 것이지, 그냥 그대로 '살아지는 게' 돼서는 곤란하다. 그런 무책임한 태도를 일관하다 보면 소중한 것들을 너무 많이 잃게 될 것이다.

나는 마흔 생을 온몸으로 부딪치며 적극적으로 헤쳐 왔다. 그런 탓일까? 솔직히 지난 삶에 대한 후회는 그리 없다. 오히려 만족한다. 누군가는 이렇게 물을 수도 있다.

"어떻게 그렇게도 괴롭고 힘들었는데 그런 말이 나올 수 있는 거죠?"

나의 대답은 이렇다.

"내 인생에서 그렇게 견디기 힘든 고통이 있었기 때문에 나 자신이 그를 이겨내기 위해 좀 더 절실해질 수 있었고, 또 그 덕분에 '현재의 나'라는 더 나은 모습이 될 수 있었노라."

◇◇◇

이 책에는 삶의 현장에서 내가 직접 겪은 에피소드들이 참 많이 담겨 있다. 그래서 책을 쓰는 동안 많이 울고 많이 웃었다.

책을 쓰는 일은 나 스스로를 버리는 작업이었다. 나는 지난 마흔 삶을 이 책을 통해서 비울 수 있었고, 또 독자들에게 진실한 한 문장이라도 더 전하고 싶어 부단히도 노력했다.

지금 당신이 마흔 생을 앞두고 있고 또 그에 대해서 한참 불안해하며 흔들리고 있다면 이 책의 일독을 권한다. 이 책이 당신이 구하고자 하는 답을 직접 제시해줄 수는 없을지 모르지만 당신 스스로 그것을 찾는 데 최소한의 징검다리는 되어줄 수 있을 것이다.

책을 쓰는 동안 아내를 무척 많이 괴롭혔다. 한 곳에 빠져들면 그 외의 것을 챙기지 않는 이기적인 남편 덕분에 꽤나 고생한, 내 아내에게 "무척 미안하고 고맙고 사랑한다" 는 말을 꼭 전하고 싶다. 또 늘 든든한 내 아들 민석과 딸 서영에게도 "사랑한다" 는 말을 전한다. 그리고 8년 전에 고인이 되신 아버지, 항상 아들의 든든한 지지자이신 어머니께도 "사랑합니다!" 라고 말씀드리고 싶다.

"장인 장모님! 늘 아들같이 대해주셔서 고맙습니다. 사랑합니다!"

마지막으로 더블:엔 송현옥 편집장님께도 감사하다는 말을 전하고 싶다.

최영철

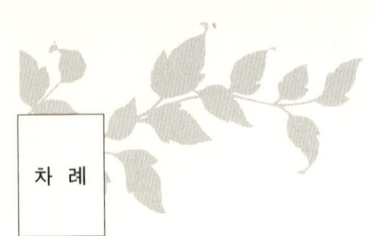

차 례

PART 4 채움의 독서, 치유의 글쓰기

PART 5 그래도 희망, 어쨌든 행복

어영부영
...벌써
마흔 ...

내 나이 30대까지만 해도, 나는 만나는 이들의 내면보다는 외모에 더 많은 관심을 기울였다. 그에 따라 '젊다!' '늙었다!' 라는 판단에서 크게 벗어나지 못했던 것도 사실이다. 그만큼 나 스스로가 사람 보는 판단기준이 설익었었다. 그 사람 내면에 있는 진면목은 도외시한 채, 외적으로 드러나는 겉모습만을 보며 그의 모든 것들을 판단하려 했던 것이다.

세월이 한참 흐른 지금, 사람을 보는 내 눈도 많이 변했다. 지금은 만나는 이들의 겉모습보다는 내면을 좀 더 자세히 살피기 위해 노력하고 있다. "인격의 높이는 마음의 깊이다!" 라는 말도 있는 것처럼, 우리는 만나는 이의 겉모습이 아닌, 그의 속마음에서 비롯되는 인격에 더 많은 관심을 쏟아야 한다. 더불어 '나는 지금 남들에게 과연 어떤 모습으로 비춰지고 있을까?' 라는 질문을 자신에게 던질 수 있어야 한다. 그런 관찰과 성찰 습관을 통해서 우리 내면은 좀 더 깊어질 수 있고, 그에 따라 인격도 높아질 수 있다. 이렇게 인격은 우리 내면을 잘 나타내는 매개체가 되기도 한다. '어떤 이의 인격이 높다' 는 말은 그가 평소 자신의 마음이 흐트러지지 않도록 신독에 힘써왔다는 의미도 된다. 그만큼 신독은 내면의 주름이 지지 않도록 우리가 할 수 있는 효과적인 방법이다.

"우리의 마음은 우리가 가진 가장 귀중한 소유물이다. 우리 삶의 질은 이 값진 선물을 얼마나 잘 계발하고 훈련시키고 활동하느냐에 달려 있다."

세계적인 동기부여가 브라이언 트레이시의 말처럼, 우리 내면에 있는 마음은 삶의 종착지에 이르기 전까지 우리가 포기해서는 안 되는 최후의 보루다.

고등학교 졸업 20주년 기념행사 이후 어언 10년이 또 흘렀다. 그에 따라 외모도 그만큼 더 노화가 진행됐을 것이다. 하지만 우리 내면의 빛이 그 세월만큼이나 퇴색된 건 아닐 것이다. 왜냐하면 그것은 순전히 우리 자신의 의지와 노력에 따른 결과물이기 때문이다.

우리 내면의 가장 훌륭한 면모를
지속적으로 훈련시키고 교육하는 삶,
그것이야말로 가장 행복한 삶이다.

— 필립 G. 해머튼

002

왕년엔 모두가 대단했다

'최○○ 과장, 2002년 ○월○일자, 차장특진!'

"이야! 축하하네, 이게 웬 특진이야?"

"어떻게 3년을 앞당겨 특진을 할 수 있는 거야?!"

"이번 특진은 회사설립 이래로 유래가 없었던 거라 하던데…"

갑작스런 특진 소식에, 나도 한동안 얼떨떨했다. 당최 꿈인지 생신지 분간하기 힘들 정도여서 직접 내 뺨을 꼬집어보기도 했다. 입사한 지 불과 10년도 되지 않아, '차장 특별승진'이라니 믿을 수가 없었다. 더군다나 회사설립 이래 처음으로 단행한 일이라고 하는데…. 어떻게 처신해야 할지 몸 둘 바를 몰랐다. 내 삶의 가장 화려했던 순간이었다.

그리고 10년 뒤!

◇◇◇

나는 아직도 '차장' 자리에 그대로 머물러 있다. 이마저도 회사설립 이래 유래 없는 '최장수'라고 한다. 최단기 차장특진의 명예가, 최장기 차장이라는 불명예로 돌변하면서 나 혼자서 기록 아닌 기록을 거듭 갱신한 셈이다. 씁쓸한 기분을 지울 수가 없다. 이를 두고 '인생지사 새옹지마(人生之事 塞翁之馬)'라고 했던가?

옴짝달싹 하지 못한 채 한 곳에 발목 잡혀선, 딱 10년을 허송세월했다는 느낌을 지울 수가 없다. 또 그로 인해 내가 갖는 처참함도 이루 말할 수 없이 크다. 게다가 회사 인사 시즌인 매년 3월이 되면, 나자신부터가 승진에 대한 일말의 희망도 갖지 못한 채, 강 건너 불 보듯 하는 처지가 되고 말았다.

이 모든 상황은 직속상사 C와의 첨예한 갈등에서 비롯되었는데, 그가 최근 내가 소속된 국(局)의 장(長)으로 느닷없이 발령받으면서 상황은 더 악화되었다. 내 눈앞에 '떡' 하니 버티고 있는 그가 이곳에 있는 한, 남은 내 직장생활은 그야말로 암흑 그 자체다.

'이 ×의 회사, 하루 빨리 때려치우든가 해야지….' 마음은 굴뚝 같지만, 현실적으로 내게는 이렇다 할 대안이 없다. 당장 목구멍이 포도청인 데다, 아내와 자식들을 생각하면 나는 어떤 식으로든 이곳에 오래토록 버티고 있어야만 한다. 내 미래에 대한 모든 희망도 보류한 채.

엊그제 대학동창들 몇과 자리를 같이 했다. 흔히 그렇듯 이번에도 다니는 회사 여기저기에 대한 불만들이 터져 나왔다. 특히 굴지의 맥주회사를 다니는 친구 K의 표정이 사뭇 심각하다. 그도 나와 비슷한 입장에 처해 있었다.

예전부터 앙숙같이 지내던 상사가 얼마 전 자신이 소속된 지점의 지점장으로 오면서부터 그의 직장생활은 영락없이 지옥생활이 되고 말았다. 상사는 K에게 하나하나 시시콜콜 꼬투리를 잡기 시작했고 그로 인해 K가 겪는 스트레스도 이만저만이 아니었다. 웬만해선 그냥 넘어갈 수 있는 일도 사사건건 물고 늘어지기 일쑤라고 했다. 술에 절어 절망적인 눈빛을 보내는 그의 모습을 보면서 나도 동병상련을 느꼈다. 현재 그는 회사 임원에게 타 지점으로의 전보(轉補)를 상신한 상태며, 만약 그마저도 여의치 않으면 미련 없이 사표를 쓰겠다고 했다.

오랜 세월 직장생활을 해온 우리 가장들에게 '회사'는 단순한 밥벌이 장소 그 이상을 의미한다. 직속상사와의 관계가 어떠한가에 따라서, 우리 입지도 천차만별로 달라지기 마련이다. 이는 나이, 경력과 상관없이 직장인이라면 누구에게나 해당되는 이야기다.

상사와의 관계가 호의적이면 조직생활은 그야말로 날개를 다는 격이 되지만 서로 첨예한 갈등 관계에 있거나 적대적 상황에 있는 경우, 그때부터 회사는 '괜찮은 곳'이 아닌 '이 ×의 회사'가 되고 만다. 그러다 갑자기 욱 하는 감정에 휘둘려, 앞뒤 재지 않고 월급쟁이로서의 최후 수단인 사표를 내던지게 되면, 그의 앞날도 풍전등

화와 같을 수밖에 없다. 불안하고 예측할 수 없는 하루하루가 이어질 뿐이다. 그로 인해 가족들이 겪어야 하는 생계문제도 그리 만만한 일이 아니다.

하루는 상사 C가 아무런 이유도 없이 아침부터 나를 지목해 심하게 질책했다. '무엇 때문일까?' 도무지 감이 잡히지 않았다. 마냥 힘의 논리에 휘둘리며 참고 견딜 수밖에 없었다. 그날 하루 종일 우울했다. 퇴근하자마자, 자주 가는 동네 선술집에 들렀다. 쓴 소주 수십 잔을 연거푸 마신 뒤에야 그날의 악몽이 비로소 흐릿해졌다.

비틀거리는 두 다리를 억지로 지탱하고서야 집까지 겨우 당도할 수 있었다. 그날 따라 집안 분위기는 온통 시끌벅적 했다. 때마침 아내가 아이들과 함께 개그 프로그램에서 웃긴 장면을 보며 웃음보가 터진 모양이다. 모처럼 만의 가족들의 유쾌한 분위기를 깨고 싶지 않았다. 어쩔 수 없이, 나 홀로 한참 동안 집 현관 앞에서 서성거렸다. 하지만 시간이 흐를수록 술기운이 달아올라 내 몸을 주체하기가 무척 힘들었다. 마치 나 홀로 '가장'이라는 무인도에 꽉 붙들린 채, 오도 가도 못하는 신세가 된 것 같은 느낌이 불현듯 들었다. 게다가 나 이외에 그 어느 누구도 나를 구제해줄 수 없다는 현실에 깊은 절망감만 맛봐야 했다.

현재의 눈으로
현재를 바라보는 연습

마흔을 지나고 삶의 중간에 이르면서, 지나온 길을 자꾸만 되돌아보게 된다. 한때 가장 화려하게 빛났던 시절에 대한 기억이 아직까지도 마음 한구석에 생생하게 머물고 있기 때문이다. 그에 비하면, 초라하고 숨 쉴 틈 없는 현재 상황에 대해선 마냥 부정하고픈 마음이 굴뚝같다. '아! 옛날이여!' 라는 진한 탄식이 절로 나온다.

법륜스님의 책《인생수업》을 보면 이런 내용이 나온다.

행복은 내가 만드는 것이네,

불행도 내가 만드는 것이네,

진실로 그 행복과 불행,

다른 사람이 만드는 것 아니네.

그 말씀대로 삼십대를 훌쩍 떠나버린 마흔 중년에 자꾸만 '왕년(往年)'이라는 환상에 집착하면 할수록, 그만큼 '현재'는 불행해질 수밖에 없다. 나 스스로 비교심리의 피해자가 되기 때문이다. 또 그로 인해 눈앞의 소중한 현재만 희생될 뿐이다. '현재의 눈'으로 현재를 보지 못하고. 자꾸만 찬란했던 '과거의 눈'으로 현재를 보려고 하니 막막해지는 것이다. 그로 인해 내가 발 딛고 숨 쉬고 있는

'현재'는 상대적으로 초라해질 수밖에 없는 일이다.

'행복한가 불행한가' 하는 감정은 결국 외부 상황에 대해 우리 자신이 보이는 반응의 결과라고 할 수 있다. 눈앞에 펼쳐진 외부 상황에만 집착하며 스스로가 과도하게 현실에 매몰될 경우, 그만큼 불행한 일도 없다. 또 그로 인한 상대적 괴로움과 비참함도 어쩔 수 없는 일이다.

진정으로 현재의 행복을 바란다면, 과거의 행복이 '한때'였다는 걸 깨닫고, 현재의 불행도 '한때'에 불과하다는 사실을 알아야 한다. 현재의 불행을 지속적인 걸로 받아들인다면 그야말로 앞으로의 삶에도 불행의 장막이 드리워지게 된다.

"자신의 뜻에 충실하라. 무엇이 좋고 필요한지를 결정하는 것은 다른 사람의 말이나 행동이 아니라 오직 자기 자신의 마음뿐이다"라는 톨스토이의 말대로 나의 삶은 전적으로 내 의지에 달려 있다. 비록 회사 내에서 나의 위치와 입지가 그리 호의적이지 못하더라도 마냥 실의에만 빠져 있으면 그만큼 내 삶도 불행해질 뿐만 아니라, 가치와 의미를 잃고 만다. 그와 달리, 비록 현실이 내게 호의적이지 않더라도 스스로가 그에 좀 더 초연해지고 휘둘리지만 않는다면 지금 내 삶도 반드시 불행한 것만은 결코 아니다. 오히려 그것을 내 미래의 또 다른 행복을 위한 과정에 불과하다고 받아들이는 관점의 전환이 나 자신에게 더 큰 도움이 될 수 있다.

" '행복하게 살겠다'는 생각조차 내려놓을 때, 바로 거기에 행복이 있습니다" 라는 법륜스님의 말씀대로, 우리가 갖는 행복뿐만 아니라 고통조차도 일종의 집착에 해당된다.

지금 삶이 고통스럽게만 느껴진다면 일단 그 고통을 고통으로만 보는 시각에서 벗어나야 한다. 어차피 겪어야 할 것이라면 내 삶의 한 과정이며 한 순간이라고 여길 수 있어야 한다. 그를 통해 비로소 당신이 겪고 있는 삶의 고통은 더 이상 고통이 아닌, 또 다른 행복을 찾아가는 징검다리가 될 수 있다.

◇◇◇

행복을 밖에서 구하는 것은
지혜를 다른 사람의 머리에서 구하는 것보다
더 헛된 일이다.
참다운 행복은 자기 마음 속에 있다.

- 메테를링크

쓰리고
아픈
기억들이여

"형님! ○○투어 주식 많이 사두이소! 곧 돈(?) 좀 될 겁니다."

"와? 좋은 호재(好材)라도 있나?"

"물론이죠. 제가 형님께만 따로 귀띔을 해드리는 겁니다."

몇 년 전, 여행업을 하는 후배 G의 권유로 ○○투어 주식을 대량 매입했다. 여행 업종에 대해선 잘 몰랐지만 오랜 세월 그쪽 '밥'만 먹어온 후배 G의 말은 나름 믿을만하다고 판단했기 때문이다.

하지만 후배의 호언장담과 달리, ○○투어는 거래소 상장은커녕 이후 수년간 누적된 적자를 버티지 못한 채 결국 문을 닫고 말았다. 그에 따라 내가 매입한 주식은 모두 휴지조각이 돼 버렸고 주식 매수 자금 전액도 고스란히 개인 빚으로 남고 말았다. 그 일이 있고 나서 한동안 아내의 심한 잔소리에 시달려야만 했다.

◇◇◇

하지만 나중에 알게 된 사실은 더욱 기가 막혔다. 그렇게도 내게 주식 매입을 권유했던 후배는 정작 그 주식을 한 주도 사지 않았다는 것이다. 뒤늦게 진실을 알게 되면서 내가 느낀 배신감은 극에 달했다. 당장에라도 쫓아가 멱살을 잡고 따지고 싶었지만, 냉정히 생각해보면 후배가 사라고 한다고 아무런 사전 조사도 없이 덥썩 묻지마투자를 했던 내 불찰이 가장 컸다. 후배 G가 그리 신뢰할 인물이 못 된다는 걸 진즉에 알았더라면 이런 뼈아픈 실수도 없었을 텐데, 하는 때늦은 반성과 후회만을 남긴 사건이었다.

한 번 실수는
병가지상사

그 일이 있고 얼마 지나지 않아 또 이런 일도 있었다.

하루는 거래처에서 중학시절 은사님을 우연히 만났다. 평소 친한 거래처 사장을 만나기 위해 잠시 그곳에 들렀던 것이다. 간단한 인사치레와 함께 명함을 드린 후 헤어졌다. 그리고 며칠 뒤, 선생님이 직접 내게 전화를 하셨다. 함께 식사를 하자는 것이었다. 그렇게 만나 듣게 된 그 분의 근황은 이랬다.

3년 전, 학교를 은퇴한 선생님은 현재 신설고등학교 설립과 관련한 일을 맡고 계셨다. 개교까지 불과 몇 달 남지 않은 상황인 데다 본인이 직접 인력채용 등을 전담하고 있지만 그 자리에 맞는 제대로 된 사람을 확보하기가 요즘 들어 특히 더 힘들다고 토로하셨다. 이야기 말미에는 주변에 혹시라도 괜찮은 사람이 있으면, 한번 추천해보라고 하셨다. 느닷없이 '채용'이라는 말에 귀가 번쩍 뜨였다. 마침 전업주부로 있는 아내가 생각났던 것이다. 아내는 대학시절에 교직을 전공했고, 결혼 전까지 동종업계에서 사회경력을 쌓았던 터라, 선생님이 말한 조건에 '딱' 맞겠다는 느낌이 들었다.

그날 저녁, 아내에게 선생님과의 만남에서부터 교직원 채용에 관해 자세히 전했다. 하지만 아내는 영 미덥지 않아 하는 눈치였다. 불과 얼마 전 주식사건의 악몽이 채 가시지도 않은 데다 이번 일도 나 혼자만의 착각이라는 식이었다. 그렇게 번듯한 자리가 그리 쉽게 주어지는 것도 이상한 일이라며 경계하는 모습이 역력했다.

아내의 냉랭한 반응에 나도 더 이상 이야기를 진행할 수 없었다. 하지만 선생님의 표정이며 말투에서 나름 충분한 진정성을 느꼈고, 그 분이 제자에게 결코 허투루 말한 것은 아닐 것이라고 확신했다. 기왕지사 이렇게 된 거, 아내가 말한 대로 그 일에 대해 좀 더 정확히 알아본 후 내 입장을 최종 정리해야겠다고 마음먹었다.

며칠 뒤, 선생님과의 세 번째 만남이 자연스럽게 이어졌다. 그리고 일전에 언급하신 직원특채에 관해 자세히 여쭤봤다. 그러자 선생님도 흔쾌히 반기는 투였다. 내가 믿고 추천할만한 인물이라면 당신도 적극적으로 고려하겠다는 뜻을 분명히 했다. 그날 저녁, 다시 아내에게 오후에 들은 내용 그대로를 전했다. 또 잘만 하면 이번 기회를 통해서 우리 가계경제도 주름이 활짝 필 수 있음을 강조했다. 그러자 아내도 선뜻 내 뜻에 따르는 것이 아닌가?

다음날, 다시 선생님을 찾아가 아내의 지원서를 정식으로 전달했다. 그후, 몇 달이 지났지만 교직원 채용에 관한 일체의 추가 소식이 없었다. 꽤나 답답한 마음에 내가 먼저 선생님께 연락을 했다.

한참이나 벨이 울린 뒤 겨우 선생님 목소리를 들을 수 있었는데, 뭔가 낌새가 이상했다. 분명히 문제가 생겼다는 꺼림칙한 느낌이 들었다. 그길로 선생님을 직접 찾아가 뵀었다. 몇 달만에 만난 선생님의 얼굴은 몰라보게 초췌해져 있었다. 마치 오랜 중병을 앓은 사람마냥 안색이 별로였다. 그리고 듣게 된 사연은 이랬다.

학교를 퇴직하자마자 선생님은 자칭, 신설고등학교 재단 이사장이라고 밝힌 B씨를 우연히 알게 되었다. 그 자리에서 B씨도 선생님께 예상외의 호감을 보이며 자신이 추진하고 있는 신설학교 설립 작업에 직접적인 도움을 요청했다고 한다. 퇴직 후 뚜렷한 일 없이 답답하던 차에 선생님도 그의 제안을 흔쾌히 수락했고, 그후 상당한 액수의 금전적 투자도 했다고 한다.

하지만 뒤늦게 알게 된 사실은 무척 충격적이었다. 이사장 B씨는 그리 신뢰할 인물이 아니었다. 이미 그 전에도 학교 설립과 관련된 사기 사건에 몇 번이나 연루된 적이 있었다고 한다. 하지만 버스는 이미 떠나버린 뒤였다! B씨는 완전히 종적을 감췄고, 선생님은 피 같은 돈만 몽땅 날리셨던 것이다. 게다가 가까운 지인들의 신뢰도 한꺼번에 잃는 등 선생님의 개인적 피해도 이만저만이 아니었다. 졸지에 사건의 피해자이자 가해자가 된 선생님은 희망을 잃고 하루하루 절망감만 곱씹고 계셨던 것이다.

선생님이 전하는 뜻밖의 이야기에 나도 멍해졌다. 그렇다고 제자의 입장에서 무조건 닦달할 수도 없는 노릇이었다. 형식적으로나마 그 분을 위로하면서 헤어졌다.

'이번 일 역시도 나 혼자만 헛물 켠 꼴이 되고 말았군!'

'왜? 매번 나는 이렇게 당하고만 살아야 하는 걸까?'

스스로에 대한 자괴감이 갑자기 커졌다. 이번 일에 관해 아내에겐 또 어떻게 변명을 해야 할지 눈앞이 캄캄했다.

나이에 상관없이 사람이면 누구나 어처구니없는 욕심 때문에 바보 아닌 바보가 되는 경우가 있다. 어두운 실패들로 점철된 과거를 마주하게 되면, 자신에 대한 실망과 자괴감이 커지기 마련이다. 마흔 이후라고 그닥 다르지도 않다. 숱한 시행착오가 분명히 거듭될 것이다. 하지만 그때마다 스스로에 대해 자학만 하고 있어서는 안 된다. '한 번 실수는 병가지상사(兵家之常事)'라는 말도 있듯이, 곤란한 처지에 빠져 있을수록 그 너머에 있는 미래를 바라보며 시야를 좀 더 넓힐 줄 알아야 한다. 당장 눈앞의 '대박'이 '쪽박'이 될 수도 있고, '한 방'만 노리다가 내가 먼저 '한 방'에 훅! 가게 될지도 모른다는 삶의 이치를 유념해야 할 것이다.

◇◇◇

겨울의 추위가 심할수록
봄의 나뭇잎이 푸르다.
사람도 역경이 없으면
큰 인물이 될 수 없다.

— 프랭클린

004

무전유죄
어이할꼬

오랜만에 가족과 외식을 했다. 식사를 마친 후 계산을 하려고 신용카드를 내미니 '띠~리~릭' 경쾌한 소리가 아닌, 색다른 소리가 난다. 알고 보니, 지난 달 카드 사용액 일부가 연체된 상태였다. 이미 지갑 속 현금은 종적을 감춘 지 오래였다. 얼굴이 화끈거렸다. 다행히 아내가 현금을 갖고 있었기에 망정이지, 하마터면 큰 굴욕을 당할 뻔했다. 사실 회사 동료들이나 지인들이 가끔씩 내게 급전(急錢)을 부탁하면, 으레 내 지갑의 돈 줄기는 말라 있다.

이렇게 마흔 중년에 접어든 내 경제사정은 늘 간당간당하다. 매달 들어오는 월급사정도 한계에 부딪친 지 오래다. 월급날이 되면, 아이들 학원비를 포함한 교육비며 아파트 관리비, 전기료, 수도료 등 갖가지 고정 경비가 자동이체로 순식간에 빠져 나간다. 그런 뒤

◇◇◇

남는 돈을 생활비로 아내에게 주고 나면, 내 수중에 남는 돈은 거의 없다. 형편이 이렇다 보니 아내도 답답했는지, 얼마 전부터 동네 아이들 몇 명을 모아놓고 개인교습을 시작했다. 가족들 반찬값이라도 혼자 힘으로 벌겠다며 나름의 궁여지책을 마련한 것이다.

밖에서는 남편이, 안에서는 아내가, 몸 사리지 않고 가족 생계문제를 해결하기 위해 몸부림치지만 우리 가계형편은 늘 제자리걸음이다. 풍족하고 넉넉한 생활은 바라지도 않는다. 다만 여태까지 한눈 팔지 않고 성실하게 '생활인'으로 살아온 만큼, 최소한 빚지지 않고 현상유지라도 할 수 있었으면 하는 게 지금 내 작은 바람이다.

살다보면 다양한 걱정거리를 마주하게 된다. 그 중에서 특히 빼놓을 수 없는 게 바로 '경제(돈) 문제'다. 흔히들, 돈은 있어도 그만 없어도 그만이라며 애써 돈에 대해 초연한 모습을 보이지만 속내를 자세히 들여다보면, 의외로 많은 사람들이 여전히 '돈 = 행복 + 자유 + 노후 해결 + α' 라는 나름의 등식을 갖고 산다. 특히 가족 생계문제가 가장 첨예하게 대두되는 생활인으로서 우리에게 돈은 필요악(必要惡)이 아닌 필요선(必要善)이 될 수밖에 없다.

어느 날, 기사 하나가 내 눈길을 사로잡았다.

'우리나라 가계저축률, 2.7%로 사상 최악' 이라는 제목이 눈에 띄었다. 1997년 외환위기 때만 하더라도 20%를 웃돌던 가계저축률이, 2000년대는 10%대로 반토막이 났고, 또 이후 10여 년 뒤인 2011년에는 2.7퍼센트로 뚝! 떨어졌다며 언론은 우려의 목소리를 높였다.

가계저축률이 급격하게 떨어지는 반면, 가계대출률은 상대적으로 눈에 띄게 늘어나고 있을 정도로 국내 가계경제 사정은 악화일로를 치닫고 있다. 똑같은 조사를 자녀교육비 등을 포함한 가계지출 비중이 높은 청소년 가정을 상대로 할 경우, 어떤 결과가 나올지 자못 궁금하다. 아마 가계저축률보다 가계대출률을 조사하는 게 훨씬 더 빠른 결과를 얻을 수 있을지도 모르겠다.

돈걱정 증후군
탈출하기

히말라야 산맥에 위치한, 세상에서 가장 작은 나라 부탄이 구미 선진국을 제치고 국민행복지수 1위를 차지했다는 보도가 나온다. 벌써 몇 년 동안 부동의 1위를 유지하고 있다. 하지만 부탄은 국민소득이 매우 낮고 사회보장제도도 여의치 않은 데다, 대다수의 국민들이 겨우 먹고 살 정도의 빈국에 속한다. 우리가 중요하게 생각하는 '소유'의 관점에서 보면, 그들은 당연히 불행해야 하지만, 아이러니하게도 그들이 갖는 행복감은 세계 최고다. 이렇게 가난한데도 불구하고 부탄 국민들이 행복하게 사는 비결은 무엇일까?

조사결과에 따르면, 부탄 국민들은 자신이 갖고 있는 것에 굉장히 만족하며 사는 것으로 나타났다. 게다가 자신의 인생은 남들과 비교할 수 없는 절대적인 가치와 의미를 지니고 있다고들 생각한다. 이것이 바로, 가난하면서도 행복한 부탄 국민들의 삶의 비결이다.

'돈걱정 증후군(money sickness syndrome)'이라는 말이 있다. 영국의 심리학자, 로저 핸더슨이 사용한 이 말은 '당장 돈이 없는 것도 아닌데 스스로 돈이 없다고 걱정하고 불안해하는 증상'을 이른다. 이 증상을 앓게 되면, 식욕부진과 불면증, 만성스트레스로 인한 체중 증가, 두통, 우울증 등 주로 신경계통에 질환이 생길 우려가 높다고 한다. 현재 내가 앓고 있는 증상들과 매우 흡사하다. 혹시 나도 이 증후군을 앓고 있는 건 아닌지… 걱정이 앞선다.

과연 돈걱정 좀 덜면서 편하게 사는 방법은 없을까, 곰곰이 생각해보았다. 일단 문제의 가장 큰 원인은 자족(自足)하지 못하는 내 태도에 있었다. 없지만 행복한 부탄사람들과 달리, 나는 내가 가지고 있는 것에 대해 고맙게 여겼던 적이 별로 없었다. 거기서부터 내 고민이 시작되었다. 결코 자족하지 못하는 욕심이 나 자신을 지배하는 한, 내 삶은 끝없는 욕망의 부채질에 따라 불행해질 수밖에 없을 것이다. 이런 자각을 하고부터 나는, 내 행복을 위해 다음과 같은 세 가지 가계 운영원칙을 세울 수 있었다.

첫째, 현재 내 소득 수준과 형편에 맞게끔 가계지출을 통제하는 문제가 내게는 가장 시급한 일이다. 근본적으로 이 문제가 해소되지 않는 한, 나와 내 가족의 삶의 질은 급격히 추락할 수밖에 없다.

둘째, 아이들 교육만큼은 '남들 하는 대로'가 아닌, '내 가정형편에 맞게' 원칙과 룰을 정해둘 필요가 있다. 아울러 우리 가정형편을 벗어나는 과도한 사교육비의 지출은 마땅히 통제되어야 한다.

셋째, 지금 살고 있는 아파트 평수를 줄이는 방안도 검토대상이다. 가계 고정경비를 대폭 줄이면서, 여기서 생기는 여유자금을 부부 노후자금으로 따로 비축할 수도 있다. 또한 당장 불요불급한 경우가 아니라면, 자동차를 처분하든가 배기량을 낮춰 갈아타는 등 일상의 거품을 빼는 것도 무척 중요한 부분이다.

이렇게 나는 세 가지 가계 운영원칙들을 통해서 지금까지 나를 괴롭혀온 돈문제 스트레스로부터 점차 벗어나고자 한다. 물론 저마다의 상황이 모두 다르기 때문에, 이것이 최선의 방법이 아닐 수도 있다. 하지만 분명한 사실은 지금 내 가정에 닥친 경제문제에 대해 가장인 내가 직접 발 벗고 나서지 않는다면, 차후에 오는 후폭풍은 지금보다 훨씬 더 심각해질지도 모른다는 것이다.

아이들은 자라고, 우리는 나이 들어가고 있다. 가계 운영원칙 없이 하루하루 생활하다 보면 돈문제는 점점 더 심각해질 수밖에 없다. 가계 빚도 그에 비례해 늘어날 것이다. 이런 심각한 상황을 예방하기 위해서는 우선 당신 스스로 현재의 지출습관을 되짚어보고 좀 더 개선해야 할 부분이 없는지 판단해, 나름의 소비원칙을 세워야만 할 것이다. 사람의 씀씀이도 결국 습관의 문제다.

만족할 줄 아는 사람은
진정한 부자이고,
탐욕스러운 사람은
진실로 가난한 사람이다.

— 솔론

005

내 삶의
천적은
과연 누구인가

　회사생활을 하면 할수록 '눈치'밖에 느는 게 없다. 출근과 동시에 상사들에 대한 눈치 레이더망(?)이 작동하기 시작한다. 표정만 보고도 현재 기분쯤은 충분히 짐작하고도 남는다. 오랜 회사생활을 통해 계발한 또 하나의 내 능력이다.

　다양한 개성을 가진 사람들로 이루어진 회사조직 안에서, 상사들에게 찍히지(?) 않고 무난하게 생활하기 위해서 '재빠른 눈치'는 필수적으로 갖춰야 할 기술이다. 반대로, 평소 눈치 없는 둔감한 이들은 조직 안에서의 안녕과 상사의 인정을 장담하기가 무척 힘들다.

　하루에도 많은 지시와 명령이 난무하는 회사 안에서 부하가 상사들로부터 크게 힘 안 들이며 인정받을 수 있는 요긴한 방법이 바로 척! 보면 아는 '눈치내공'이다. 그렇게 미리 알아서 발 빠른 대처를

◇◇◇

잘 하는 부하들은 사실 어느 곳에 가더라도 환영받을 수밖에 없다.

입사 초기, 나는 눈치가 참 없었다. 상사가 이렇게 던진 말을 저렇게 해석해, 곤혹을 치른 적도 많았다. 한눈에 '척' 알아채는 능력이 부족하다 보니, 제아무리 업무에서 능력을 발휘한다 하더라도, '앉은뱅이 용쓰듯' 상사의 평가는 늘 박했다. 다른 입사 동기들은 재빠르게 요령껏 잘도 처신하는데 나는 그야말로 '둔자둥이'였다.

그런 탓에 나를 부하로 두려는 상사는 그리 많지 않았다. 인사철이 되면 이리 튕기고 저리 튕기기 일쑤였다. 사회경험이 많은 선배들은 단번에 척! 하며 알아서 잘도 기는(?)데, 바로 옆에 있던 나는 늘 한 템포 늦었다. 나 혼자만 바보가 된 느낌이 들 때가 많았다.

그런 수모를 빈번히 겪으면서 나 스스로 눈치내공을 많이 키워야겠다고 결심했다. 회사라는 조직에 몸담고 있는 한, 눈치력은 어쩔 수 없이 갖춰야 할 전공필수였다. 그후 경력이 쌓이면 쌓일수록 내 눈치는 빨라지기 시작했고, 그에 따라 상사가 던진 말의 뉘앙스를 곡해하는 횟수도 급격히 줄어들었다.

선배 B는 늘 윗선으로부터 인정을 받으며 승승장구해온 인물. 머리도 비상한 데다 눈치 하나는 일품이었다. 선후배들 사이에서 그를 따를 자가 거의 없었다. 게다가 순발력은 어찌나 빠른지, 힘 있는 상사들의 의중을 늘 꿰고 있었다. 그 덕에 그는 상사의 인정을 한몸에 받았고 다른 동기들보다 늘 승진이 한 발 빨랐다.

하지만 그런 그도 한순간의 결정적인 실수로 인해 영원히 조직 밖으로 '팽' 되고 말았다. 이른바 '줄'을 잘못 섰기 때문이다. 한때 그렇게 잘 나가던 선배가 한 방에 팽 당하는 모습을 보면서, 내가 받은 충격도 적지 않았다.

그 일을 계기로, 눈치도 '정도껏'이라는 단서를 붙여야만 했다. 눈치라는 게 조직 안에서 항상 통하는 만병통치약은 아니라는 사실을 뼈저리게 느낀 사건이었다. 조직이 한 번 돌아서면 가차 없이 토사구팽을 시킬 수도 있다는 냉혹한 현실을 직시해야만 했다.

조직 밖에서 얼핏 봐서는 잘 알 수 없는, 조직 내부 깊이 흐르는 '분위기'라는 게 있다. 이른바 '암묵적(?) 분위기'라고나 할까. 이는 어떤 조직이든 외부사람들은 쉽게 감지하지 못하는, 내부 조직원들만이 늘상 감지하고 있는 미묘한 분위기다. 이런 상황을 눈치내공이 깊은 이들은 자신의 입지를 굳히는 장으로 삼는다.

그런 탓일까? 지난 20여 년의 내 직장생활을 돌이켜보면, 나는 늘 직속상사의 의중에 필요 이상으로 신경을 곤두세우며 살아왔다. 그에 따라 내 뜻은 늘 후순위로 밀려났다. 마치 직속상사의 명령과 지시라는 반주에 맞춰, 나 스스로가 립싱크하며 살기에 바빴던 것이다. 하지만 앞서 언급한 선배 B 외에도 나름 조직 안에서 충성도가 꽤 높았던 이들이 한순간에 '팽' 되는 모습을 보면서, 앞뒤 재지 않고 무조건 상사가 요구하는 논리만을 앞세워선 안 된다는 자각을 어느 순간부터 하게 되었다. 상사의 눈치만 잘 살피면 남들보다 몇 발자국 앞서 나갈 수 있다는 자기만족감에 발목 잡히다 보면, 진정

소중한 '나'라는 주체성은 결국 잃어버리게 된다. 마치 좁은 우물 안에 비치는 하늘만 보고선 원래 하늘은 좁다고 말하는 격이 되고 마는 것이다.

그렇다면, 지금까지 내 인생의 가장 큰 천적(天敵)은 누구였던가?

다름 아닌 상사들 눈치만을 보기에 급급했던 나 자신이 아니었을까. 늘 조직에서 힘 있는 자들의 의중만을 쫓기 바빴지, 내 의지와 내 생각이라는, 내게 무척 소중한 것들을 살피고 가꾸는 데는 나 스스로도 무척 인색했다는 느낌이다.

졸보기와 돋보기
활용법

어떤 운동 경기에서도 '공수전환(攻守轉換)'은 매우 중요한 전략이다. 그때그때 상황에 알맞게 공격과 수비가 이루어질 경우, 팀의 승리도 자명해진다. 우리 인생에서도 마찬가지다. 한 가지 수단만 갖고 마치 그것이 목적인 양 착각하며 살아서는 결코 안 된다. '눈치'도 그때그때 상황에 알맞게 보는 '적당함'이 필요한 것이다.

예전 신입사원 시절, 눈치 없는 내 행동을 보며 회식자리에서 직속상사가 날린 경고의 말은 아직도 내 기억 속에 생생하다.

"여기, 이곳은 자네가 알고 있는 학교 캠퍼스와는 전혀 달라! 절대 착각하지 마!"

그의 말은 내 폐부 깊숙이 박히고 말았다. 일순간 술이 확 깨면서 그 말의 진의를 곰곰이 생각했다. 그때부터 나는 상사의 의중을 미리 간파할 수 있는 '눈치내공'을 기르기 위해 부단히도 노력하기 시작했다.

지난 시절, 오랫동안 조직 안에서의 내 삶은 윗선의 눈치만 살피는 모습에서 크게 벗어나지 못했다. 하지만 이제는 남들 눈치만 보는 '을'의 인생이 아니라, 내 내면의 욕구와 내 뜻을 우선시하는 '갑'의 인생으로 내 주체성이 회복되어야만 한다. 그러기 위해 지금 나는 두 개의 도구를 갖고 있다. 이른바 '졸보기'와 '돋보기'다.

나 자신이 객관적이지 못하고 너무 주관적인 생각에 천착해 있다고 느껴질 경우, 나는 졸보기를 꺼내 들어 객관성을 회복하기 위해 노력한다. 반대로, 내 삶의 의미와 가치와 연관되는 소중한 사안에 대해서는 돋보기를 꺼내서, 그 상황을 좀 더 면밀하게 살피기 위해 노력하고 있다. 이제부터 나는 나의 천적(天敵)이 아닌, 지원군(支援軍)이 되기 위해서 남 눈치가 아닌 내 소신을 먼저 따르는 인생을 살고자 한다.

여러분은 어떠한가? 상사 눈치만 보며 그들에게 너무 휘둘리면서 살고 있지는 않은가? 만약 그렇다면 이미 당신 스스로가 자신의 천적이라고 말할 수밖에 없다. 무엇보다도 앞으로의 삶이 진정 행복하기를 원한다면 당신 스스로가 자신의 지원군이자 응원군으로 적극 나서야만 할 것이다.

결국,
나의 천적은
나였던 거다.

— 조병화, 〈천적〉

006

크로노스
vs.
카이로스

길을 가다 우연히 낯익은 사람을 만났다. 무심결에 내가 먼저 아는 척을 했다. 하지만 그 이후가 문제였다. 당장에 그가 누구이며 나와는 어떤 사이인지 곧바로 출력이 되지 않았다. "저… 저…" 하는 말만 되풀이해야만 했다. 그의 성조차도 떠오르질 않았으니 답답함, 그 자체였다. 그렇다고 그대로 물러서자니 궁금증이 생겨 도저히 참지 못하겠고, 또 그에게 먼저 묻자니 그것도 예의가 아닌 것 같아, 이도저도 못하는 상황이 되고 말았다. 참다못해 내가 먼저 말을 꺼냈다.

"혹시 예전에 우리가 서로 어디서 만난 적이 있지 않습니까?"

"글쎄요…. 저도 그쪽을 본 것 같은데, 잘 기억이 나지 않네요!"

"…. 지금 다니는 회사가 ○○쪽에 있지 않나요?"

◇◇◇

"아니요, 그쪽은 아닙니다!"

"그렇다면 고향은 어디신지요?"

"△△입니다만."

"거기도 아닌데…. 아! 그렇다면 예전에 ○○아파트에 사신 적이 있죠?"

"아, 맞네요. 바로 거기네요!"

이렇게 백주 대낮에 중년의 두 남자가 가던 길을 멈추고, 이상한 스무고개까지 해가면서 알게 된 사실은, 그는 바로 8년 전까지 내가 살았던 경산 ○○아파트의 주민이었다는 사실이다. 정말 기가 막혔다. 어떻게 내 기억력이 이렇게 형편없이 무너졌는지 그야말로 충격이었다. 불현듯 내 자신이 조기치매에 걸린 건 아닐까, 라는 걱정까지 할 정도였다.

자동차가 달리는 속도에 빗대어, 우리 삶의 속도도 숫자로 표현할 수 있다. 가령, 30대가 느끼는 삶의 속도를 시속 30킬로미터로 가정할 경우, 40대는 40킬로미터, 50대는 50킬로미터로 나타낼 수 있다. 나이가 들면서 세월이 그만큼 빠르게 느껴짐을 강조하는 것이다.

객관적인 시간의 흐름은 누구에게나 똑같다. 하지만 심리적인 삶의 속도는 이렇게 연령대에 따라 차이가 난다. 이 논리대로라면, 현재 30대가 30년 후 60대가 될 경우, 인생 속도도 두 배 이상 빠르게 느낀다고 가정할 수 있다. 이래저래 나이 먹고 늙어가는 것도 서러운데, 삶의 속도감에서도 차별대우를 받아야 하니 서럽기 짝이 없다. 나이가 들수록 왜 삶의 속도가 더 빠르게 느껴지는 것일까?

이에 대한 김정운 교수의 대답은 명쾌하다. 그의 책《남자의 물건》을 보면 '회상효과(回想效果, Reminiscent Effect)'라는 말이 나온다. 우리 기억 속에 새롭게 저장되는 내용이 많아질수록 세월도 그만큼 느리고 길게 느끼는 데 반해, 새롭게 저장되는 내용이 줄어들면 그만큼 세월도 짧고 빠르게 느껴지는 현상을 두고 하는 말이다. 그래서 노인들의 경우, 일상에서 일어나는 사건들 대부분이 이미 과거에 경험했던 익숙한 것들이기 때문에 세월이 더 빨라지는 것 같이 느낀다는 것이다. 게다가 나이가 들수록 생기는 '기억력 감퇴'도 이 현상을 부추기는 데 결정적인 요소가 된다.

《남자의 물건》에는 또 이런 내용이 나온다.

"현대 심리학의 창시자인 빌헬름 분트에 따르면, 인간이 경험하는 '현재'를 시간으로 따지면 약 5초 정도라고 한다." 다시 말해 우리 인간의 경우, 불과 5초라는 잠시잠깐의 경험들을 연속해 이어가면서 인생을 살아간다는 말로 풀이할 수 있다. 정말 사람 인생 별 것 아니라는 생각도 든다. 단지 5초라는 '현재'만을 바라보며 사는 인간의 한계를 노골적으로 직시하는 것만 같다.

그렇다면 이렇게 나이가 들수록 빨라지는 삶의 속도감으로 인한 허탈감에서 벗어날 길은 과연 없는 걸까?

당연히 있다!

시간이 '느리다' '빠르다' 하는 것처럼 양적으로 접근하는 게 아니라, 질적으로 접근하는 것이다. 이를 좀 더 자세하게 살펴보면 이렇다.

카이로스를
갈망하는 삶

고대 그리스 사람들은 시간을 두 가지로 구분했다. 바로 크로노스와 카이로스.

'크로노스(Chronos)'는 해가 뜨고 지고, 지구가 공전하고 자전하는 것과 같이 어김없이 반복되는 양적인 시간을 말한다. 즉 우리의 의지와 상관없이 흘러가는 시간, 일반적인 시간개념으로써 개개인의 경험과는 전혀 무관한 액면 그대로의 시간이다. 그와 달리, '카이로스(Kairos)'는 개개인이 갖는 주관적인 시간흐름을 뜻한다. 즉 자신의 존재 가치를 높이고 의미를 더하는 질적인 시간개념이다.

좀 더 쉬운 예를 들면, 만약 어떤 이가 무척 곤란한 상황에 처해 있을 때, 잘 모르는 누군가로부터 결정적인 도움을 받는다면, 그가 느끼는 행복감은 더 클 것이다. 또는 길을 걷다가 전혀 모르는 타인의 아름다운 선행 장면을 우연히 목격하게 될 때 느끼는 깊은 감동, 우리가 그토록 이루고자 했던 목표를 달성했을 때 갖는 행복감도 마찬가지다.

이와 같이 개개인의 소중한 경험이나 체험과 깊이 연관되는 의미와 가치를 높이는 시간체험이 바로 카이로스다.

> 내가 그의 이름을 불러주기 전에는
> 그는 다만 하나의 몸짓에 지나지 않았다.
> 내가 그의 이름을 불러주었을 때,
> 그는 나에게로 와서 꽃이 되었다.

김춘수 시인의 시 〈꽃〉에 빗대어 설명하자면, 나의 시간은 그 전에 크로노스에 지나지 않았다. 하지만 내가 거기에 내 개인의 경험이라는 '가치'와 '의미'를 더하자, 시간은 내게로 와서 카이로스가 되었다, 라는 표현으로 바꿀 수 있다.

자신의 의지와 상관없이, 정신없이 빠르게 내달리는 시간 열차에서 하루 빨리 뛰어내려야 한다. 그 속에 계속 머물러 있게 되면 종국에는 우리 자신의 본성까지도 해칠 수 있다. 그것이 바로 양적인 시간, 크로노스의 폐해다.

이제 우리는 내 행복과 직결되는 질적인 시간, 카이로스를 크게 갈망하면서 그에 맞는 나름의 인생 시간을 디자인할 필요가 있다. 그를 위해서 무엇보다도 먼저 해야 하는 일은 지금까지의 시간관념에서 당장 벗어나는 것이다.

◇◇◇

자유롭게 살기를 원하면
네 시간의 속도를 늦춰라
일은 적게 하는 대신 그 일을 잘 끝내라
진심어린 일은 완전하게 이루어진다
꿈이 이루어지길 원하면
네 시간의 속도를 늦춰라
작게 시작한 일이 더 위대한 결과에 이른다
소박한 일은 성스럽다
매일매일 하나하나씩
네 비밀을 천천히 쌓아올려라
매일매일 너는 진실해질 것이며
하늘의 영광을 알게 되리라.

— 성 프란체스코, 〈네 시간의 속도를 늦춰라〉

바로 지금이,
쥐구멍에
볕들 때

하루 평균 우리 직장인들이 회사에서 보내는 시간은 8~10시간에 달한다. 잠자는 시간과 출퇴근 시간 등 여타 시간을 따져보면, 사실상 하루 중 절반 이상을 꼬박 회사를 위해 바치고 있다. 그렇다 보니 평소에 가장 많이 부대끼게 되는 이들도 자연히 회사동료들이기 마련이다. 이런 상황은 회사를 완전히 벗어나기 전까지, 직장인이라면 대다수가 처해 있는 현실이다.

"태양과 가까워지면 타 죽고 멀어지면 얼어 죽는다"는 말도 있듯이, 회사 안의 인간관계도 마찬가지다. 그때그때 상황에 맞게 적당한 거리 조절이 필요하다. 하지만 오랜 세월 동안 얽히고설킨 회사 내 관계망 속에서는 이마저도 여의치 않는 경우가 참 많다. 일단 회사 문을 들어서면 사생활의 상당 부분이 자동적으로 증발되기 때문

◇◇◇

이다. 마치 출근과 동시에 '회사'라는 울타리 안에 영어(圖圍)된 신세가 되고 만다.

나는 기질적으로 한 곳에 얽매이는 걸 무척 싫어한다. 무슨 일을 하더라도 내 뜻과 의지에 따라 주도하는 걸 선호한다. 하지만 회사라는 조직은 자의보다는 주로 타의가 지배하는 곳이다. 속된 말로 위에서 '까라고 하면, 까야만' 하는 것이 바로 이곳의 불문율이다. 이는 내 입의 풀칠을 위해서 혹은 그곳에서의 오랜 잔존을 위해서 어쩔 수 없는 일이다. 그런 처지에 놓여 있다 보니 오랜 조직 생활을 통해 내가 겪은 스트레스도 이만저만이 아니었다.

"저 같은 문외한도 건축기술을 배울 수가 있는지요?"

"물론이죠. 약 1년간의 훈련과정을 거쳐 어느 정도 기술을 숙달하고 나면 자력으로도 충분히 집을 지을 수 있는 수준에 이를 수 있습니다. 그렇게 기술을 익히고 난 뒤 이쪽으로 전업한 이들도 꽤 많습니다."

어느 날 업무상 만난 경주 ○○에 있는 통나무 건축학교 교장과 나눈 대화 내용이다. 그를 통해서 들은 그쪽 업계의 현황은 당시 내 관심을 끌기에 충분했다. 특히 "통나무 건축기술을 숙달한 뒤, 전업한 이들도 꽤 많다"는 그의 말은 더더욱 내 흥미를 촉발시켰다. 게다가 남 눈치 보지 않고 독립적으로 일을 할 수 있는 점도 내 기질과 딱! 맞겠다는 느낌이었다. 그 길로 교장이 내미는 교육신청서를 작

성했다. 또 교육과정에 필요한 고가의 장비도 대거 구입했다. 나로
선 적지 않은 돈이 들었지만 아깝다는 생각이 전혀 들지 않았다. 오
히려 내 미래의 '희망 찾기'라는 생각에 가슴이 두근거렸다.

그때부터 토,일요일 주말마다 교육장을 찾았다. 오랜만에 피교육
자 신분이 되면서 배워야 할 것도 참 많았지만, 혼자 힘으로 무언가
를 주도할 수 있다는 점이 무척 마음에 들었다. 난생 처음 접하는 육
중한 엔진톱을 하루 종일 두 손으로 들고 작업을 해야 하는 건 고역
중의 고역이었지만, 그럼에도 불구하고 나에겐 그마저도 내 희망
찾기의 과정이라는 생각에 이를 악물고 참을 수 있었다. 그렇게 나
는 통나무 건축기술 습득 교육기간인 1년 가까이를 '악'으로, '깡'
으로 버텼다.

하지만 교육수료를 몇 주 앞둔 어느 날, 느닷없이 온몸이 무기력
해지고 컨디션이 최악으로 내려갔다. 처음엔 단순히 '좀 쉬면 곧 괜
찮아지겠지'라며 내 몸이 보내는 이상 신호를 애써 외면했다. 하지
만 몸을 조금이라도 쓸라치면, 어김없이 똑같은 증상이 반복되었
다. 의사를 찾았다.

진료 결과, 평일뿐만 아니라 주말까지 제대로 쉬지 못한 채, 몸을
혹사시킨 것이 결정적인 원인이라며 의사는 내게 '절대안정'을 강
조했다. 만약 그렇지 않으면 조만간 무슨 변고를 당할지도 모른다
며 강하게! 경고했다.

크나큰 충격이었다!

지난 1년 가까이 오직 이 일 하나만을 위해 전력투구하다시피 해온 내게 그의 만류는 내 미래 찾기에 대한 사형선고나 다름없었다. 내가 무작정 원해서 달려온 이 길을 당장 포기하라고 종용하는 말과 크게 다르지 않았다.

결코 짧다고 할 수 없는 지난 1년 동안 감수해야 했던 내 개인적 생고생의 결과가 채 빛도 보기 전에, 모든 것을 접어야만 하는 처지에 이르자, 갑자기 우울해졌다. 그렇다고 의사의 경고를 무시하면서 내 고집대로 밀고 나갈 수도 없는 일이었다. 정녕 목숨마저도 위태로울 수 있는 절체절명의 상황이었다. 사면초가가 따로 없었다. 결국 내 건강부터 챙기는 게 가장 급하다는 결론에 이르면서 나는 통나무 건축과 관련한 모든 일을 잠정적으로 접어야만 했다.

그 일이 있고 벌써 몇 년이 흘렀다. 그후 나는 단 한번도 엔진톱에 다시 시동을 걸지 않았다. 한번 손을 놓으니, 일을 재개하는 건 생각만큼 쉽지 않았다. 그 결과, 내 집 창고 한켠에는 아직도 먼지를 뽀얗게 쓴 엔진톱이 그대로 놓여 있다. 가끔씩 창고를 청소한답시고 그 안을 들여다보면 이내 기분이 착잡해진다.

회사선배 H는 업무를 마치면 곧장 영어학원으로 달려갔다. 자기계발을 한다는 명목으로 나름 열심이었다. 그렇게 꼬박 5년 이상을 영어공부 하나에 매진했다. 그러던 그가 갑자기 사표를 냈다. 자신이 늘 원했던 미군부대 군무원으로 이직하게 되었다는 것이다.

그렇게 떠난 선배는 퇴사 후에도 가끔씩 옛 동료들을 찾아온다. 그의 표정은 무척이나 밝다. 나름 적응을 잘 하고 있다는 증거다.

마치 자기 자신의 노력과 의지만으로 개척한 새로운 세계에서 금 의환향하는 개선장군과도 같아 보인다. 마흔이 넘은 적지 않은 나 이에 스스로 노력해서 직업전환의 기회를 잡은 선배는 과거 어느 때보다도 만족스러운 삶을 살고 있다.

《한국직업발달사》와 《은퇴 후 8만 시간》을 쓴 경기대학교 직업 학과 김병숙 교수는 이런 말을 했다.

"직업을 바꾸고 싶다면 적어도 5년 전부터 미리 공부하고 준비해 야 합니다. 60세에 은퇴해 100세까지 산다고 가정하면, 은퇴 후에도 일하며 살아야 할 시간이 8만 80시간이라는 어마어마한 시간이 남 게 됩니다. 이런 긴 시간을 단순히 밥벌이만을 위해서가 아닌, 내 꿈 을 찾기 위해 살아가는 시간으로 만들어 가야 합니다. 그렇지 않으 면 은퇴 후 시간이 축복이 아닌 재앙이 될 수도 있습니다. 그러므로 나이 40부터 자신만의 '인생설계도'를 반드시 작성할 필요가 있습 니다."

그녀의 조언대로, 대폭 길어진 은퇴 후의 삶을 위해서라도 '두 번 째 직업'에 대한 현실적인 준비가 시급한 상황이다. 그저 그렇게 어 영부영하다 보면, 첫 직업 은퇴 후 남는 약 3,40년을 아무런 할 일 없 이 빈둥거리며 살 수밖에 없다.

솔직히 말이 3,40년이지, 이는 우리가 종사한 첫 직업기간 이상의 긴 세월에 해당된다. 그렇게 길고 긴 시간 동안 뚜렷하게 할 일 없이 마냥 버틴다는 것은 우리 자신에게도 심한 고역이 아닐 수 없다.

新 중년이
대세

미래에 대한 희망 좌표 찾기는 나 아닌 다른 누가 대신 해줄 수 있는 게 결코 아니다. 오직 나 스스로의 힘으로 직접 챙겨야 한다. 우리 삶에는 결코 공짜 점심이 없다. 스스로 직접 발 벗고 나서지 않는 이상, 그 어떤 일도 거저 쉽게 건질 수 없다는 사실을 반드시 기억해야 할 것이다.

요즘에는, '新 중년'이 대세라고 한다. 40세에서 75세까지의 나이를 두고 하는 말이다. 이 말은 100세 시대를 맞이하여 수명이 대폭 늘어난 만큼 전체 삶의 질과 행복을 위해서라도 경제활동을 계속 이어갈 것을 염두에 두고 생겨난 말이다. 보통 50대 중반에 첫 직장을 은퇴하는 경우, 그 이후 남는 최소 20년 이상은 제2의 직업활동을 통한 경제행위로 채워나가야 한다는 뜻이다. 특히, 이 기간에는 단순히 몸으로 때우는 일이 아닌, 첫 직업의 노하우를 발판으로 자기 자신에게도 좀 더 전문적이고 깊이 있는 업종을 선택할 필요가 있다. 아니면 앞서 예를 든 H선배와 같이 평소 틈새시간을 이용해, 두 번째 직업을 위한 공부와 준비의 시간으로 삼는 것도 좋은 방법이 될 수 있다.

비록 하루 중 절반 이상의 시간을 회사에서 보내야만 하는 월급생활자 신세라 하더라도 스스로 마음먹기에 따라선 얼마든지 자투리 시간을 확보할 수 있다. 게다가 요즘은 예전과 달리 일주일 중 토,일요일 이틀이나 휴무일로 지정돼 있는 경우가 많으니, 이 시간을 최대한 이용해 가까운 미래에 대한 기회의 시간으로 삼으면 된다.

'시간이 없다' '지금 와서 무슨 일을 또 다시 할 수 있겠어?' 등의 부정적인 반응은 자신의 한계를 미리 긋는 체념 행위에 불과할 뿐만 아니라, 그에 대해 전혀 뜻이 없다는 자기변명과 다름없다.

"행운이란 준비가 기회를 만났을 때 생기는 것이다."

세네카의 말이다. 이 말이 뜻하는 대로 지금 우리가 '제2의 직업적 행운'을 누리기 위해선 우선 그에 대한 준비부터 당장 서둘러야 한다. 여기에 최선의 노력과 행동이 더해진다면 행운의 여신도 결코 우리를 외면하지는 못할 것이다.

◇◇◇

당신의 재능과 세상의 필요가
교차하는 곳에
당신의 천직이 있다.

― 아리스토텔레스

어둠의 끝,
빛이
시작된다

돌아오는 길목에 외롭게 핀 하얀 꽃들

어두워진 그 길에 외롭게 선 가로등이

빛나는 기억들 울렁이던 젊음 그곳에 두고 떠나야 하네

(중략)

앞만 보고 달려온 지난날의 추억을 아파하지 마라

나는 왜 귀로를 맴돌고 있나 아직 꿈이 가득해 그 자리에

나는 왜 귀로를 서성거리나 돌이킬 수 없지만

이제는 알 것 같은데

나는 왜 귀로를 맴돌고 있나 서성거리나

내 푸른 청춘에 골짜기에는 아직 꿈이 가득해 아쉬운데

나는 왜 귀로를 맴돌고 있나 아직 꿈이 가득해 그 자리에

◇◇◇

서울대 송호근 교수 작사, 조용필 작곡, 조용필이 부른 〈어느 날 귀로에서〉의 가사다. 직장에서 잘린 50대 가장이 저녁 무렵 집으로 향하는 모습을 그리고 있다. 오랜 세월 영위해온 직장생활을 본의 아니게 끝내야만 하는 가장의 서글픈 심정이 직접적으로 전해진다.

어느 날, 갑자기 회사를 떠나야 된다면, 누구라도 과거에 대한 회한과 더불어 미래에 대한 불안감이 커질 수밖에 없다. 그 심정을 고스란히 담고 있는 이 노래를 듣고 있자니, 왠지 남 일 같지 않아 갑자기 씁쓸해진다. 매월 회사가 주는 월급에만 의존해 생활해온 샐러리맨이라면 누구라도 피할 수 없는 일이 바로 '퇴직'이라는 회사로부터의 분리불안의 공포다.

십수 년 전 어쩔 수 없이 회사를 떠나야만 했던 직장상사 한 분을 길에서 우연히 만났다. 그 동안의 마음고생이 반영되어 있는 듯, 얼굴에 깊은 주름이 잔뜩 퍼져 있어, 처음에 누군지 잘 몰라볼 정도였다. 서로의 안부를 주고받으며 듣게 된 그의 근황은 이랬다.

1997년 외환위기 시절, 결코 명예롭다 할 수 없는 명예퇴직을 갑자기 당한 그는 한동안 심한 절망과 좌절감에서 헤어나지 못했다고 한다. 설상가상으로 외동딸마저 백혈병에 걸리는 바람에 졸지에 자신의 능력으로 도저히 어찌 해볼 수 없는 상태가 되면서 당시는 오로지 죽고 싶은 마음만 가득했다고 한다. 하지만 가장이 없으면 가족의 운명은 불 보듯 뻔한 일이었기에, 어떤 식으로든 딸자식 병원

비만은 자신이 책임져야 한다는 각오로, 온갖 궂은일도 마다하지 않았다. 늘 성실하게 정성을 다하는 그의 모습에 감동을 받은 주변의 도움으로, 마침내 가족들 생계문제를 해결할 수 있는 안정된 직업을 소개 받을 수 있었고, 지금은 직장생활 할 때보다 훨씬 더 안정적인 수입이 생겨 생활도 넉넉해졌다. 게다가 딸도 호전되어 사회활동을 할 수 있을 만큼 정상이 되었다고 한다. 그렇게 지난 과거의 시름을 한꺼번에 털어놓는 그의 얼굴에는 미소가 피어올랐다.

우연찮게 듣게 된 그의 과거사는 마치 한 편의 감동적인 인간극장이었다. 비록 퇴직 후 몇 년간이 인생에서 가장 험난했던 시절이었지만, 그 과정을 딛고 일어설 수 있었기에 지금 다시 삶의 무대에 우뚝 설 수 있었다며, 그는 오히려 지난 삶의 역경에 대해 무척 긍정적인 태도를 보였다. 그의 절대 긍정의 자세에 절로 고개가 숙여졌다.

그 일이 있고 며칠 되지 않아, 나는 또 한 명의 퇴직 선배 B를 우연히 만났다. 그도 명퇴로 회사를 떠날 수밖에 없었는데 앞의 선배와 달리, 아직도 회사에 대한 감정이 좋지 않았다. 대화를 나누는 내내, 과거 회사가 자신에게 했던 불합리한 조치에 대해 불평을 했다. 그의 하소연을 듣고 있자니 내 기분도 별로 안 좋았다. 게다가 아직 50대 초반이니 얼마든지 또 다른 직업활동이 가능하건만, 그는 완전히 손을 놓은 채 과거에 대한 피해의식에 사로잡혀 있었다. 회사에 몸담고 있을 때만 해도 그리 부정적인 성격이 아니었던 선배는 스스로 지난날의 피해의식을 곱씹으며 불행하게 살고 있었다.

위기에서 기회를
포착해내는 지혜

이렇게 나는 불과 몇 달 사이에 명퇴를 당해 회사를 떠나야만 했던 선배 두 분을 우연히 만났다. 두 분 다 명예퇴직이라는 고통을 받았지만, 한 사람은 긍정적인 태도로 위기를 전화위복의 기회로 삼았고, 또 다른 사람은 아직도 과거에 대한 피해의식을 완전히 떨쳐버리지 못한 채 남은 인생마저도 어둡게 살고 있었다. 삶이 갑자기 나락에 떨어진다 하더라도, 받아들이는 사람의 반응과 태도에 따라 그 결과는 확연히 달라질 수 있다.

위의 두 사례를 접하면서 중국 문학가 루쉰의 말이 떠올랐다.

"원래 땅위에는 길이란 게 없었다. 걸어가는 사람이 많아지면 그게 곧 길이 되는 것이다."

'삶의 위기'라는 달갑지 못한 상황을 딛고 기꺼이 그를 넘어서고자 한다면, 우리도 충분히 또 다른 길을 내거나 찾을 수 있을 것이다. 우리 인간의 몸 안에는 절망에도 불구하고 희망의 빛을 찾고자 하는 유전자가 깊이 내재돼 있다. 하지만 그것이 제대로 발현되게 하려면, 스스로 고통을 참는 '인내'와 어둠 속에서도 희망을 찾고자 하는 '낙관'이 전제되어야만 한다. 인생에서 겪는 온갖 위기들은 그 자체가 엄청난 고통이지만 그를 바라보는 태도에 따라 그 이후에 펼쳐지는 삶의 결과가 크게 달라질 수 있음을 기억해야 할 것이다.

그런 점에서 토마스 칼라일의 다음 말은 꽤나 의미심장하다.

명확한 목적이 있는 사람은
험난한 길에서조차 앞으로 나아가고,
아무런 목적이 없는 사람은
가장 순탄한 길에서조차 앞으로 나아가지 못한다.

마흔이 되기까지 정신없이 뛰어왔다. 하지만 내 손에 남은 거라곤 허탈감 그 이상도 이하도 아닌 것 같다는 생각이 자주 든다. 아등바등 열심히 살아왔는데도 불구하고 아무것도 뚜렷하게 가지고 있는 게 없으니 인생을 잘못 산 건 아닐까 의구심이 커진다. 비단 나에게 국한된 문제는 아닐 것이다. '마흔'이라는 삶의 고개를 앞둔 많은 이들이 고민하고 있는 문제일 것이다. 지나온 10년의 삶 그대로 앞으로의 10년이 거듭 반복되기를 바라는 사람은 아마 없을 것이다. 그렇다면, 우리는 앞으로 어떻게 살아야 할 것인가?

지난 날, 아무 생각 없이 하루하루 반복적인 일상을 살아왔다면, 이제부터라도 과감한 자기변화를 꿈꿔야 할 것이다. 금선탈각(金蟬脫殼), 즉 매미 애벌레가 껍질을 과감하게 벗어던져 금빛 매미로 거듭나듯이, 우리도 지금까지의 삶의 껍질을 과감하게 벗어던지고 새로운 탈바꿈을 시도하여야 할 것이다. 그 변화의 몸짓을 통해서 마침내 우리는 더 나은 미래를 맞이할 수 있을 것이다.

우리 각자는 특별한 이유와 목적을 갖고 태어나고,
운명적으로 주어진 일을 성취했을 때 죽을 것이다.
탄생과 죽음 사이의 일들은
매일을, 매 순간을, 매 기회를
최선의 것으로 만들려는
우리 자신의 의지에 달려 있다.
그 선택은 항상 우리의 것이다.

— 엘리자베스 큐블러로스

가정으로.......
.......돌아오는
회사형 인간들

건강은
0이 아닌 1

오전 회의 중, 후배 P가 내 얼굴을 유심히 쳐다본다. 다소 걱정스러운 눈빛이다. 무슨 문제라도 있는지 묻자, 내 오른쪽 뺨이 유독 빨갛게 상기돼 있어, 마치 술 마신 사람 같이 보인다고 했다. 거울을 보니, 역시나 오른쪽 뺨이 왼쪽에 비해 유달리 빨개져 있었다.

걱정이 앞섰다. 왜냐하면 지난 며칠 동안 술은 한 방울도 입에 대지 않은 데다, 이유 없이 이렇게 뺨이 검붉게 변한 적은 지금까지 한 번도 없었기 때문이다. 아무래도 바깥 날씨가 추운 탓에 사무실 난방온도를 평소보다 많이 높여놔서 얼굴이 빨개진 것뿐이라며 태연한 척했다. 하지만 내 신경은 온통 오른쪽 뺨에 쏠려 있었다. 회의를 마치자마자 외부로 나가 잠시 동안 추운 공기를 쐬니 얼굴의 붉은 기운도 다소 누그러지는 듯했다.

다음날 아침 회의시간, 후배 P는 또 어제와 똑같은 지적을 하며, 남성갱년기가 찾아온 건 아닌지 병원에 가볼 것을 권한다. 최근 들어, 사십대 남성들에게도 갱년기가 일찍 찾아오고 있다며.

후배의 말을 듣고 나니 가슴이 철렁 내려앉는다. 아직 50도 안 됐는데 벌써 남자구실이 끝난 것은 아닌지 괜스레 걱정이 앞섰다. 답답한 마음에 인근 병원을 찾아갔다. 진료 결과, 의사는 겨울철 건조한 날씨 탓에 흔히 발생하는 '지루성 피부염'으로 진단한다. 며칠 동안 약을 먹고 연고를 바르면 곧 나을 거라는 말을 듣고 나서야 크게 안심할 수 있었다. 왜냐하면 아직까지는 남자구실을 하는 데 그리 문제가 없다는 말로 들렸기 때문이다.

나이 마흔이 넘어가니 가장 많이 신경 쓰이는 문제가 바로 '건강'이다. 중년의 아침은 참 무겁다. 매일 아침 잠자리에서 일어나며 가장 실감하는 부분은, 해를 거듭할수록 내 몸도 따라 천근만근 무거워진다는 사실이다. 바깥 날씨가 흐릴 경우, 이 증상은 더 심해진다. 얼마 전에는 또 이런 일도 있었다.

갑자기 몸을 틀거나 계단을 오르내릴 때면 왼쪽 무릎에서 뚝! 뚝! 소리가 났다. 처음엔 괜찮겠지 했는데, 갈수록 소리가 심해지는 듯해 의사를 만났다. 결과는 '추벽증후군'이라는 생전 들도 보도 못한 병으로 진단되었다. 간단한 수술과 함께 며칠 좀 쉬고 나면 정상으로 회복될 거라고 하는데, 나는 '수술'이라는 말에 강한 거부감이 느껴져 아직까지 그냥 버티고 있는 중이다. 하지만 걸음을 옮길 때마다 뚝! 뚝! 나는 소리는 전혀 멈출 기미가 없어 보인다. 할 수 없다. 내 몸이 새로 사귄 친구라고 여길 수밖에.

제아무리 값비싼 고급차라 하더라도 40년 이상을 쉼 없이 타고 다니기는 현실적으로 불가능한 일인데, 인간이 부모로부터 물려받은 신체는 평생토록 100년 가까이 써야만 한다. 그런 이유로 우리 신체는 늘 애지중지 아껴 써야 마땅하다.

잘 아는 선배 C는 늘 술과 담배에 쩔어 살았다. 50 가까운 나이였지만 그의 음주와 흡연 경력은 이미 30년이 넘었다. 그러던 그가 어느날 출근하자마자 갑자기 말이 어눌해지고 눈의 초점이 흐려졌다. 무심코 넘길 일이 아니라고 판단한 주변 동료들의 도움을 받아 가까스로 병원을 찾았는데, 놀랍게도 뇌경색으로 밝혀졌다. 오랜 세월 술과 담배에 쩐 생활습관이 결정적 원인이었다. 그런 선배는 지금 회사를 휴직한 채, 건강을 되찾기 위해 요양하고 있다.

"사람마다 평생 할 수 있는 술과 담배의 총량은 태어날 때부터 미리 정해져 있다고 봐! 아마 선배가 그 지경까지 가게 된 건, 평생토록 자신에게 할당된 그 양을 이미 훌쩍 넘어섰기 때문이 아닐까?"

선배 D의 말에 나도 고개가 절로 끄덕여졌다.

만약 '건강'을 숫자 1이라고 가정할 경우, 건강을 제외한 '돈'이나 '명예' '지위' '권력' 등 나머지 조건들은 숫자 0에 지나지 않는다. 이는 곧 건강을 나타내는 숫자 1이 전제되지 않고선 제아무리 많은 0의 숫자들이 그 뒤를 따른다 하더라도 결코 단 하나의 숫자조차도 형성할 수 없다는 사실을 내포하고 있다. 그만큼 '건강'은 우리 자신이 가장 으뜸으로 지켜야 할 소중한 자산이다.

건강한 몸은
정신의 사랑방

우리나라 40대 남성의 평균 사망률이 세계에서 가장 높다는 사실은 익히 잘 알려져 있다. 그 주범으로는 운동부족과 흡연, 음주, 과도한 스트레스, 불균형적인 영양섭취 등이 꼽힌다. 결국 이 모든 요소들은 평소 자기관리와 깊게 연관되어 있다. 건강관리는 더 이상 미루면 안 되는 시급한 과제다. 건강을 잃으면, 회사 명퇴나 퇴출시 1순위가 될 수도 있다는 냉혹한 현실을 기억해야 할 것이다.

얼마 전만 해도 전국적으로 1일 1식 열풍이 거셌다. 일본의 유명한 의사이자 작가인 나구모 요시노리 씨의 책《1일 1식》이 방송을 타면서 1일 1식 열풍이 불었기 때문이다.

"배에서 '꼬르륵' 소리가 한 번 들리면 내장지방이 연소되고, 두 번 들리면 외모가 젊어지고, 세 번 들리면 혈관이 젊어진다"는 말로써, 작가는 인간이 공복상태일 때 장수유전자가 가장 잘 활성화될 수 있음을 강조한다. 그에 반해, 우리가 흔히 하는 1일 3식은 건강을 해치는 주범이라고 한다. 이를 보면서 나도 1일 1식을 한 번 시도해 봤다. 몇 달 사이 몸무게가 많이 불어난 데에 따른 나름의 극약처방이었다. 바쁜 평일에는 엄두를 못 내고 주말을 이용했다.

토요일 이른 아침, 식사를 평소보다 좀 많이 했다. 어차피 오늘 하루 한 끼만으로 버텨야 하니 한꺼번에 많이 먹어두자는 심산이었다. 그런 탓에 정오 12시를 넘어서도 속이 무척 든든했지만, 오후 3시가 되니 배가 조금씩 허전해지기 시작했다. 그래도 아직까지는 참을 만했다. 하지만 오후 5시를 넘기면서 속이 텅빈 것처럼 배가 점점 더 고파왔다. 그래도 참았다!

드디어 오후 7시쯤 되니, 뱃속에서 '꼬르륵' 소리가 났다. '이제 더 이상 견딜 수가 없어! 당장 밥을 먹어야 해!'라고 외치는, 내 위장이 보내는 강한 신호였지만, 꾹 참을 수밖에 없었다. 이후 또 몇 시간이 더 지나자, 심한 허기가 찾아왔고 그야말로 눈앞이 노래졌다. 게다가 입안은 왜 그리도 비릿한지, 더 이상 견딜 수가 없었다.

결국 그날 나는 1일 1식에 돌입한 지, 불과 스무 시간도 되지 않아 모든 걸 포기했다. 내게 있어 1일 1식은 아직까지는 무리라는 결론에 도달할 수밖에 없었다. 원래 대식가인 데다, 평소 폭식과 과식을 자주 하는 내게 1일 1식은 굶어 죽으라는 말과 크게 다르지 않았다. 결국 박약한 내 의지를 탓할 수밖에 없었다.

건강은 한 번 잃고 나면 다시 정상으로 회복되기 무척 힘들다.

'예방 의학'이라는 말도 있듯이, 의사들도 병의 사후 치료보다는 사전 예방을 더 강조한다. 따라서 자기 건강에 대한 자신감이 더더욱 많이 떨어지기 시작하는 마흔 중년들의 경우, 1을 뜻하는 '건강'이 아닌, '돈'이나 '명예' '권세' 등 0의 숫자들만을 쫓아가는 어리석음은 지양해야 한다. 우리 몸에 늘 깃들고 있어야 할 '건강'이라는 소중한 1을 놓칠 경우, 제아무리 많은 0들이 그 뒤에 따라 붙는다 하더라도 그 자체가 무의미한 짓에 불과하다.

"건강한 몸은 정신의 사랑방이며 병든 몸은 감옥이다"라고 읊조린 철학자 베이컨의 말을 빌리자면, 우리 몸이 스스로에게 넉넉한 사랑방이 될지 우울한 감옥이 될지 여부는 전적으로 건강을 위해서 평소 우리가 들인 노력과 실천에 달려 있다.

우리는 마흔이 될 때까지, 타고난 체력을 소진시키기에 바빴을 뿐, 그를 보충하고 보완하는 데는 인색했을 것이다. 물론 삶이 바빴으니 그럴 수밖에 없었을 것이다. 하지만 건강은 무척 정직하다. 그동안 얼마나 자신의 몸을 아끼고 식습관과 운동습관, 생각습관 등 습관 관리에 많은 관심을 쏟고 실천을 했는가가 '건강'이라는 결과로 나타나기 때문이다.

건강을 잃으면 모든 것을 잃는 것이다. 우리가 갖고 있는 최대 자산은 누가 뭐래도 '건강'이다. 돈을 잃는 것은 무척 아까워하면서 건강을 잃는 것에 대해 무신경한 모습만큼 어리석은 일도 없다.

◇◇◇

건강을 유지하는 것은
자신에 대한 의무이며,
또한 사회에 대한 의무이다.

－프랭클린

010

회사형 인간에서
가정형 인간으로
돌아오는 아버지들

"한 명의 아버지가 백 명의 선생보다 낫다."

영국 시인 조지 허버트의 이 말은 아버지가 자식에게 미치는 영향력이 그만큼 크다는 것을 강조하고 있다. 제아무리 훌륭한 선생들이 주변에 많더라도, 자식에게 있어 인생 최고의 멘토는 아버지다.

아이가 태어나, 초기에 형성되는 정서는 주로 어머니 쪽 영향을 받지만, 이후 아이가 커가는 데 필요한 사회화를 위한 정신적 자양분은 주로 아버지로부터 영향을 받는다. 따라서 부모 중 어느 한 쪽의 역할이 소홀해지면, 아이들의 정서와 정신의 성장은 그만큼 균형을 잃을 수밖에 없다.

김재헌 씨가 쓴 책《아버지와 아들》을 얼마 전에 읽었다. 아들과 함께 작가의 고향인 경북 영덕에서 처가가 있는 부산까지, 무려 180

킬로미터를 도보로 걷는 5박 6일 간의 여정을 담고 있었다. 기나긴 도보 여행길을 아들과 단둘이 걷고자 한 데는 작가 개인의 고민이 크게 작용했다. 내용은 이렇다.

여느 부모와 같이, 아들을 잘 키우겠다는 마음은 늘 있었지만, 하던 사업이 부도가 나면서 아버지는 어쩔 수 없이 가족과 멀리 떨어져 생활하는 신세가 된다. 그 와중에 반듯하게 커가고 있다고 생각했던 아들이 컴퓨터 게임을 하면서 저지른 불법행위로 인해, 아버지는 보호자 신분으로 아들과 함께 경찰서에 불려가 조사받는다.

한창 커가는 아들에게 제대로 된 아비 역할도 못 했다는 죄책감에, 또 아들이 더 빗나가기 전에 아버지로서 실질적인 역할이 필요하던 차에 생각해낸 것이 바로 단둘이서 영덕에서 부산까지 걷는 것이었다. 물론, 여행첫 날 아버지는 아들과의 소통에 두터운 벽을 느낀다. 하지만 5박 6일간의 여정 동안 마주친 고통을 함께 이겨냄으로써 서로가 점차 마음의 문을 연다는 내용을 담고 있다.

역할 부재 시대의 아비 역할

돈 버는 '자동 월급지급기'로 전락한 아버지, 조직에서의 인정과 잔존(殘存)만을 좇다가 가정 안에서의 역할은 희미해져 버린 아버지, 자식을 윽박지를 줄만 알지 애정표현이 서툰 아버지, 이런 모습들이 요즘 시대 아버지들의 표상(表象)이 되어버린 지 오래다. 가족을 책임져야 한다는 막중함에 요즘의 아버지들은 회사와 가정 중 하나를 선택하라면 어쩔 수 없이 '회사'의 손을 들어줘야 할 처지에 놓여 있다. 그로 인해 가정 밖 '가장자리'로 존재감이 멀찍이 밀려났다는 뜻에서 요즘의 아버지를 '가장'으로 부른다는 우스갯소리가 나올 지경에 이르렀다. 반면, 젊은 시절부터 청춘과 열정을 다 바쳐온 회사는 이미 중년이 넘은 가장들의 목줄을 서서히 죄어온다. 조직에서의 역할극도 불과 얼마 남지 않았다며 압박을 하는 것이다.

이렇게 이 시대의 아버지는 가정과 직장, 그 어디에서도 든든하게 자리를 꿰차지 못하는 어중간한 샌드위치 신세로 전락하고 말았다.

고(故) 황수관 박사의 특강 동영상을 우연히 봤다. 특강의 주제는 바로 '어머니'였다. 영국문화협회가 세계 102개국 비영어권 국민 4만 명을 대상으로, '세상에서 가장 아름다운 영어단어는?'을 주제로 한 설문조사 결과를 두고 강의는 시작되었다. 그 결과, 세상에서 가장 아름다운 영어단어 1위는 바로 '어머니(mother)'였다. 그 뒤를 이어 2위는 '열정(passion)'이 차지했고, 3위는 '미소(smile)', 4위는 '사랑(love)'의 순으로 나타났다. 하지만 일반적인 기대와 달리, '아버지(father)'는 1위에서 10위까지, 그 어디에도 없었다. 놀랍게도 '아버지'는 무려 70위 밖의 순위로 한참 밀려나 있었다.

어머니와 달리, 아버지에 대한 현실적 평가는 무척 박했다. 이는 곧 아버지 상(象)에 대한 요즘 세태의 냉정한 시각을 그대로 반영하

◇◇◇

고 있는 셈이다.

이를 볼 때, 아버지가 진정한 아비 역할을 하기 위해서는 자식에 대한 접근방법을 달리 해야만 한다. 더 이상 자식들과 데면데면한 사이로 머물러 있지 않기 위해선, 자식들과 직접 부대끼는 기회를 아버지 쪽에서 의도적으로 더 많이 만들어야 한다. 이는 단순히 같은 공간 안에서 양적인 시간을 늘리라는 뜻이 아니다. 오히려 자식과 소통하기 위해서 그들과 공유할 수 있는 추억꺼리를 많이 만들라는 뜻으로 해석할 수 있다. 훗날 직장은퇴 후 아버지가 가정으로 유턴했을 때, 자신의 보금자리가 무척 생경해지지 않기 위해서라도 지금의 아버지는 한시라도 빨리 자식에게 달려가야만 한다.

내 나이 30대까지만 해도, 회사생활이 늘 삶의 우선이었다. 일에서의 성취가 최고였을 뿐만 아니라 직장상사의 칭찬과 인정이 곧 내 삶의 성공인 양, 회사형 인간이 되기 위해 최선을 다했다. 하지만 세월을 훌쩍 넘겨 마흔 중년이 되면서, 이런 내 삶의 태도에 대해 점점 회의감이 들기 시작했다. 물론, 결정적인 계기가 있었다.

오랜 세월 오로지 회사만을 바라보던 동료나 선배들이 조직의 필요에 따라 팽되는 모습을 지켜보면서, 오로지 회사밖에 몰랐던 이들의 말로(末路)를 직접 내 눈으로 똑똑히 확인했기 때문이다. 그때부터 '어디까지나 회사는 회사일 뿐, 늘 나를 지켜주는 든든한 방어막이 될 수 없다'는 현실을 인식하게 되었다. 회사가 요구하는 방식의 삶은 내 인생과 내 가정에 결코 최선이 될 수 없었다.

결국 회사에 몰빵(?)하는 태도는 그리 바람직하지 못하다는 결론에 다다랐다. 그로 인해 내 일에 대해서도 한발짝 뒤로 물러설 수 있었다. 대신, 내 가족을 향해 한발짝 더 다가가는 내 나름의 장족의 변화를 꾀할 수 있었다. 가정 안에서의 내 시간과 역할을 늘림으로써 가족들과 많이 부대끼기 위해 나 스스로의 변신을 꾀했다.

이렇게 나는 지금 한창 회사형 인간에서 가정형 인간으로 변신하기 위해 나름대로 열심히 노력하고 있다. "한 명의 아버지가 백 명의 선생보다 낫다"는 말은 자식에 대한 아버지의 마음만을 두고 하는 말은 결코 아니다. 오히려 자식이 그런 아버지의 마음을 직접 피부로 느낄 수 있을 만큼 아버지가 아비로서의 직접적인 역할과 행동에 좀 더 적극적이 되라는 뜻을 내포하고 있다.

40대 아버지가 한창 바쁘게 사는 만큼, 중고등학생 자식들도 나름 가장 바쁠 시기다. 서로가 모두 바쁜 시기인 만큼 눈을 보면서 심도 깊은 대화를 나눌 시간적 여유도 그만큼 줄어들 수밖에 없다. 결과적으로, 아버지가 의도적으로 자식과의 대화시간을 만들어내지 못하면 둘 사이가 더 이상 가까워지기 힘들다고 봐야 할 것이다.

먼 훗날, 자녀가 당신을 회상할 때 "내 아버지는 어릴 때 내게 늘 행복한 추억거리를 많이 선사했던 분이었다!"라고 말할 수 있다면, 당신은 아비로서 꽤 괜찮은 삶을 살았다고 말할 수 있을 것이다.

나의 기대가 그에게 족쇄를 채워서는 안 된다.
내 사랑이 그를 가둬버리면 안 된다.
내 꿈이 사랑하는 이를 짓누르는
수레바퀴가 되어서는 안 된다.
그에 대한 믿음으로 그에게 자유를 주라.
내가 할 일은
그를 짓누르는 수레바퀴를 치워주는 것이다.

― 헤르만 헤세

011

죽음앞에서
더욱
소중해지는 삶

살아가면서 우리는 주변인의 죽음을 점점 더 많이 목도하게 된다. 그로 인해 죽음의 한계선에 나 자신도 성큼 다가가고 있다는 걸 깨닫게 된다. 내 삶의 종착지도 이젠 그리 멀리 있지 않음을 인정할 수밖에 없다. 불현듯 그런 느낌을 갖게 된 결정적인 계기가 있었다.

어느 날, 고등학교 졸업 동창회 명부가 집으로 배달되었다. 그 안을 들여다보니, 나름 직업적으로 성공가도를 달리며 잘 나가는(?) 이들도 꽤 있었고, 고만고만하게 사는 이들도 제법 있었다. 사는 모습들이 제각각 무척 다양했다. 하지만 수첩을 한 장 한 장 넘길 때마다 눈에 띄는 검은색 문구들.

'삼가 고인의 명복을 빕니다'

'행방불명'

'연락두절'

갑자기 정신이 아찔해졌다. 마치 머리를 어딘가에 세게 부딪친 것만 같은 느낌이 들었다. 대체 이 문구의 진위를 어떻게 받아들여야 할지 도무지 종잡을 수 없었다. 좀 더 확실한 정보를 위해서 동창회 총무인 J에게 전화를 했다.

"우리 동창 박○○, 대체 어떻게 된 거고?"

"니 아직도 걔 소식 몰랐나! 십수 년 전에 크게 교통사고를 당해서 저 세상 사람 됐다, 아이가!"

"뭐라고?"

"니도 참말로 늦다! 걔가 그리 된 거는 동창들 대부분이 다 아는 사실인데…."

그의 설명을 듣고서야 상황이 제대로 인식되었다.

'하늘도 참 무심하시지…. 박○○는 고등학교 1학년 때 바로 내 앞에 앉은 녀석으로, 나와 무척 가깝게 지내며 장난도 많이 쳤던 친군데…, 어찌 그런 봉변을 당할 수 있단 말인가….'

나는 할 말을 잃고서도 수첩을 계속 넘겨보았다. 어렴풋이 알고 있던 몇몇 동창생들의 안타까운 소식들이 꼬리에 꼬리를 물고 이어졌다. "인생은 여행이고 죽음은 그 종점" 이라고 한 영국 시인 드라이든의 말이 새삼 떠올랐다.

불과 몇 년 전에는 이런 일도 있었다.

당시 50대 초반이던 회사 선배 두 분이 같은 해에 연달아 운명을 달리 했다. 두 분 모두 급성암이 그 원인이었다. 갑작스런 비보를 접하면서 회사 동료들이 받은 충격은 이루 말할 수 없이 컸다. 마치 자신의 신체 일부가 떨어져 나간 것 마냥 깊은 상실감을 느껴야 했다.

그 일이 있은 뒤, 한동안 많은 동료들이 갑자기 건강을 챙긴다며 호들갑을 떨기 시작했다. 회식자리에서 폭탄주를 없애자는 등, 사무실 안에서의 흡연은 절대 안 된다는 등, 공식적인 회식 횟수를 최소화시키자는 등 야단법석이었다. 게다가 회사 안에 있는 체력단련실은 평소와 달리 건강에 대해 위기감을 느낀 직원들이 갑자기 몰려드는 바람에 북새통이 되기도 했다.

삶?
내 존재의 최선이 돼야

평소 아는 누군가가 갑작스런 변을 당하게 되면, 주변인들이 겪는 상실감은 예상외로 크기 마련이다. 또 자신의 건강에 대한 과도한 걱정 상태인 '건강염려증'이 갑자기 대두되면서 건강에 대한 위기감이 고조되기도 한다. 그리고 이제는 죽음마저도 나와 별개의 일이 아님을 실감하게 된다.

30대까지만 해도 대부분 '죽음'은 나와 전혀 상관없는 일로 치부하지만 40대에 접어들면서 상황은 크게 달라진다. 일상에서 마주하는 주변인들의 갑작스런 죽음을 목도하면서 혹은 자기 자신의 심각한 건강문제와 마주하게 되면서, 이제 죽음은 나와 상관없는 괄호 밖의 일이 아닌, 나도 포함될 수 있는 괄호 안의 일임을 불현듯 깨닫게 된다. 어느덧 삶의 종착지인 죽음을 향해서 스스로 한 발자국 성큼 다가갔음을 실감하게 되는 것이다.

여기서 우리가 잊어서는 안 되는 말이 있다.

"우리는 죽음에 대한 근심으로 삶을 엉망으로 만들고, 삶에 대한 걱정 때문에 죽음을 망쳐버리고 있다" 라는 몽테뉴의 말이다. 이는 죽음에 대한 과도한 불안과 걱정 때문에 죽음의 공포에 휘둘리며 살아서는 안 된다는 말이다.

어차피 이 세상에 온 것도 내 의지가 아니었듯, 이 세상을 떠나는 것도 내 의지가 아니다. 살아 숨 쉬는 동안 만큼은 사는 데 최선을 다해야 한다. 인생은 그저 그렇게 '사는 것' 이 아니라 무엇보다도 '살아가야만 하는 것' 이기 때문이다.

훗날 우리가 지구별을 떠날 때, 지난 삶에 대한 미련과 아쉬움을 최소화하기 위해서라도 우리는 주어진 인생을 '정성껏' '열심히' 살아가야만 한다. 비록 죽음이 내 존재의 끝이 될런지 모르지만, 삶 만큼은 내 존재의 최선이 되어야만 한다.

그런 의미에서 조지 켄들러의 다음 글은 삶과 죽음에 대해 우리가 취해야 할 올바른 태도를 잘 일깨우고 있다.

인생의 태엽은 단 한 번만 감겨진다.

시곗바늘이 언제 멈출지 말해줄 수 있는 사람은 아무도 없다.

지금은 당신에게 주어진 유일한 시간이다.

뜻을 가지고 살아라.

처음 마음을 잃지 말고 사랑하라.

오늘 할 일을 내일로 미루지 말라.

왜냐하면 내일이 당신에게 찾아오기 전에

시곗바늘이 멈추게 될 수도 있기 때문이다.

노랑 애벌레가 물었다
"어떻게 하면 나비가 되죠?"
"날기를 간절히 원해야 해.
하나의 애벌레로 사는 것을
기꺼이 포기할 만큼 간절하게."
"그럼 죽어야 한다는 뜻인가요?"
"그렇기도 하고 아니기도 하지.
겉모습은 죽은 듯이 보여도
참 모습은 여전히 살아 있단다.
삶의 모습은 바뀌지만
목숨이 없어지는 것은 아니야.
나비가 되어보지도 못하고 죽는
애벌레들과는 다르단다."

— 트리나 폴리스, 《꽃들에게 희망을》 중에서

012

내 아버지의
빈자리

"여기 ○○파출소입니다, ○○○씨와는 어떤 사이신지요?"

"저희 부친입니다만 무슨 일입니까? 대체 무슨 일인데요?"

"…, 어르신께서 방금 운명하셨습니다!"

"뭐, 뭐라고요?!"

"○○○씨가 방금 전 사고를 당하시고 곧바로 운명하셨습니다!"

"네? 거, 거기가 어딥니까? 어디냐고요?"

갑자기 파출소에서 온 연락을 받고 나는 망연자실했다. 이게 꿈인지 생시인지 분간이 안될 만큼 무척 혼란스러웠다. 순간 어떻게 대처해야 할지 도무지 종잡을 수가 없었다.

올해 연세로 74세! 엊그제 뵈었을 때만 해도 그렇게 건강하시던 아버지가 어찌 그리 허무하게 세상을 등질 수 있단 말인가?

오랜 세월 동안 내 마음 속 깊이 응어리져 있던 분노와 회한의 감정이 갑자기 북받쳐 올랐다. 병원 영안실에 조용히 누워 있는 아버지의 주검을 보면서 오열을 터뜨리고 말았다.

"아버지요! 아버지요! 이렇게 그냥 가시면 어떡합니까? 제발 눈 좀 떠보이소!"

그렇게 "아버지!"를 수도 없이 외쳤지만 아버지는 미동조차 하지 않았다. 칠십 평생 모진 가난과 외로움에서 한시도 마음 편한 날이 없었던 아버지였다.

'경제적 무능'은 일평생 아버지를 따라다닌 꼬리표였다. 그에 따라 우리 가족은 가난과 생활고에서 항상 자유롭지 못했다. 부모님 두 분의 관계도 늘 다툼과 갈등이 끊이지 않았다. 하지만 무능했던 아버지와 달리, 어머니는 자식 넷 입에 풀칠을 위해서라면 어떤 궂은 일도 마다 하지 않았다.

그런 탓일까? 자식들 넷 모두가 늘 어머니 편이었는데 반해, 아버지를 대할 때는 냉랭하고 데면데면했다. 특히 사남매 중 막내인 내가 당신께 가졌던 반감이 가장 컸다.

'우리 집은 왜 이렇게 늘 가난하게 살 수밖에 없는 거야?'

이런 불만이 어린 시절 항상 내 머릿속을 비집고 다녔다. 가족들의 생계에 대해선 나 몰라라 하는 아버지를 보면서 나는 절대 아버지와 같은 모습으로 살지 않겠다고 수도 없이 다짐했다. 그만큼 가난의 질곡은 내 가슴에 깊은 상처를 남겼다.

심지어는 내 대학 진학을 앞둔 무렵에도 우리집 재정 상태는 전혀 달라지지 않았다. 대학 합격을 통보받고도 합격의 기쁨보다는 등록금 걱정을 먼저 해야만 했다. 다행히 그때 마침 극적으로 형님이 조기취직을 함으로써 등록금에 대한 고민을 해소할 수 있었다.

형님의 경제능력 확보는 가족의 숨통을 트여주었다. 또한 나도 형님의 경제적 지원을 징검다리 삼아 동기들보다 일찍 취직해 자립할 수 있었고, 우리 가족도 가난의 질곡에서 헤어나올 수 있었던 것이다. 하지만 성인이 된 이후에도 나와 아버지와의 관계는 좀처럼 개선되지 않았다. 둘 사이에는 늘 긴장감이 감돌았다. 물론, 아들인 내가 먼저 마음을 열고 아버지께 다가가는 게 도리였지만 내게는 그마저도 쉬운 일이 아니었다. 어린 시절의 가난을 통한 아버지에 대한 반감이 그만큼 컸기 때문이다.

그런 중에 갑자기 날아온 아버지의 비보는 나를 단번에 무너뜨렸다. 심지어는 아버지의 죽음이 늘 당신에게 못되게 굴었던 나 때문이었다는 얼토당토 않는 억지를 부리기까지 했다. 그후 3년 이상을 만성우울증과 불면증을 겪으면서 심한 마음고생을 해야 했다.

나도, 옛날 내 아버지의 나이가 되었다

사고 당시 갑자기 세상을 등질 수밖에 없었던 아버지는 그때 과연 어떤 심정이었을까를 한번씩 생각해본다. 자식들에 대한 섭섭함과 외로움, 세상살이가 당신 뜻대로 되지 않은 데서 오는 시름들로부터 한시라도 자유로울 수 없었던 아버지는 또 얼마나 한이 깊었을까, 라는 생각에까지 이르게 되면 내 억장도 무너진다. 그런 죄책감에 대한 보상심리가 작용한 걸까? 요즘도 가끔씩 꿈속에서 아버지를 만나곤 한다. 그리고는 늘 똑같은 장면이 되풀이된다. 아버지를 꼭 껴안으며 "아버지, 제발 용서해주세요! 사랑합니다!"라는 말을 반복하는 내 목소리에 흠칫 놀라 꿈에서 깨고 마는 것이다.

아버지가 떠난 지 벌써 8년이 흘렀다. 하지만 내 머릿속에는 여전히 병원 영안실에서 봤던 아버지의 마지막 모습이 생생하게 남아 있다. 그런 아픈 기억을 떠올릴 때마다 나는 아버지에 대한 진한 그리움과 아쉬움으로 눈물짓는다.

최근 들어 나와 비슷한 나이의 지인들의 부친상을 전하는 부고장이 심심찮게 날아온다. 지난 주말에도 하루 사이 세 곳에 문상을 갔다 왔다.

여태껏 자식들의 든든한 버팀목이었던 우리 세대의 아버지들이 이제 이곳에서의 당신들의 역할과 임무가 끝났음을 알리기라도 하듯, 많은 아버지들이 속속들이 이 세상을 등지고 있다. 하지만 그런 아버지들과 달리, 자식들은 아직도 당신들의 죽음을 제대로 받아들일 마음의 준비가 돼 있지 않다. 지금까지와 같이, 앞으로도 줄곧 당신들이 이곳에 계속 존재할 것이라는 착각에서 좀처럼 벗어나지 못하고 있기 때문이다.

얼마 전, 내 아들의 나이가, 아버지에 대한 원망이 가장 컸던 시절의 내 나이와 똑같은 나이가 되었다. 그에 따라 나도 당시의 아버지와 비슷한 나이대가 되었다.

오랜 세파를 헤치고 마흔 중년이 된 지금, 그 당시를 돌이켜보면 세상살이가 마음대로 되지 않은 데서 아버지가 느꼈을 답답함도 이제는 충분히 이해할 수 있을 것 같다. 하지만 당시는 경제적 능력이 부족했다는 이유만으로 왜 그리도 아버지에게 원망과 불만을 키워가며 각을 세웠는지, 스스로 깊이 반성하게 된다.

지금 당신은 어떤가? 단지 먹고 살기 바쁘다는 핑계만 대며 혹시라도 당신 아버지를 늘 데면데면하게 대하고 있는 것은 아닌가?

만약 그런 경우라면 자식으로서 당신이 먼저 아버지에게 한 발자국 더 다가서야만 한다. 당신과 당신 아버지 서로가 직접 부대끼며 살아갈 수 있는 공통의 시간도 이제는 그리 많이 남아 있지 않다.

아버지가 물에 빠진 자식을 구하기 위해
물속에 뛰어드는 것은 사랑의 감정이다.
사랑은 나 아닌 다른 사람에 대한
행복을 위해서 발로된다.
인생에는 허다한 모순이 있지만
그것을 해결할 길은 오직 사랑뿐이다.

ㅡ톨스토이

013

내 인생?
내가
만들어 간다

직장생활을 시작할 무렵, 내가 모신 부장은 생김새와 달리 꽤나 깐깐했다. 대범하게 생긴 외모와 달리 무척 소심하고 깐깐한 성격 탓에 붙은 별명이 '범새(범털에 새가슴)'다. 부하가 일에서 실수를 하면 봐주는 법이 거의 없었다. 인상을 오만상 찡그리면서 짜증을 내며 잔소리가 심했다. 그러니 그 밑에 있던 부원들은 한시라도 긴장을 늦출 수가 없었다. 모두들 업무적인 실수를 저지르지 않기 위해 무던히도 애썼다.

하지만 그 분의 그런 스타일을 잘 몰랐던 신입 시절, 나는 본의 아니게 크고 작은 실수를 연발했다. 그때 들은 한 마디 말은 아직도 내 가슴에 깊은 상처로 남아 있다.

"대학 졸업은 폼으로 한 거야! 초등학생도 그보단 낫겠다! 일도

◇◇◇

하나 제대로 처리 못하고선…. 쯧쯧쯧!"

부지불식간에 날아온 그의 말은 그대로 내 가슴에 꽂혔다. 당시 내가 느낀 인격적 모멸감은 이루 말할 수 없이 컸다. 사회 경험이 일천한 젊은이에게 나이 많은 연장자가 아량을 베풀기는커녕 노골적으로 날린 돌직구를 나로선 감당하기 어려웠다. 그때부터 절치부심, 최소한 일에서만큼은 완벽을 기하기 위해 열심히 노력했다. 그에 따라 업무적인 실수도 대폭 줄일 수 있었다. 하지만 부장이라는 사람에게서 비롯되는 이른바 '사람 스트레스'는 이만저만이 아니었다. 또한 그 자체가 바꿀 수 없는 '내 일상'으로 체념하게 되자, 일에 대한 의욕도 급속도로 떨어졌다. 일종의 슬럼프가 온 것이다.

나이 서른도 채 안 된 내게서 그나마 있던 일에 대한 모든 열정과 패기마저도 순식간에 증발되는 듯했다. 만약 이 상황 그대로 계속된다면, 머지않아 나도 일상이라는 덫에 꽉 붙잡혀, 다시는 거기서 빠져 나오기 힘들 거라는 불안감이 내 안에서 서서히 고개를 들기 시작했다. 그래서 그런 답답한 일상에서 벗어나기 위해 내가 감행하게 된 것이 바로 영어공부였다. 회사 일과를 마치고 하는 공부는 숨 막힐 듯한 일상생활에 큰 활력소가 되어주었다.

주로 해야 하는 업무가 회사 매출 증대를 위한 신문광고 영업이다 보니, 나는 많은 사람들을 만나야 했다. 또 그런 외부인들과의 만남은 비일비재하게 퇴근 후까지 이어졌다. 그 결과, 입사한 지 만 2년도 되지 않아, 내 몸무게는 무려 20kg 이상 불어났다. 단기간에 기하급수적으로 불어난 체중을 내 두 다리로 지탱하기가 힘들 정도였다. 급기야 집안 내력인 당뇨병과 고혈압 등의 성인병에 대한 우려도 갈수록 커져만 갔다. 젊다고 해서 마냥 건강할 거라고 자신할 수도 없었다. 건강에 대한 위기의식이 고조되기 시작하자 내 삶에도 어떤 돌파구가 필요했다. 그런 중에 평소 친한 선배 ㅇ로부터 같이 운동을 하자는 제안을 받게 되었다. 그렇게 그를 따라나서며 알게 된 운동이 바로 합기도(合氣道)다.

우리나라 전통무술인 합기도는 남녀노소를 불문하고 누구나 수련이 가능할 정도로 부드러운 무예라는 점이 당시 내 관심을 끌었다. 그때부터 회사 출근하기 전 시간을 이용해, 합기도 수련에 임했다. 평소 출근시간보다 무려 1시간 30분 이상 일찍 집을 나서야 하는 게 괴로운 일이긴 했지만, 한창 불어난 체중을 줄이고 건강을 지켜야 한다는 목적의식이 뚜렷했기 때문에 이를 악물고 참았다. 눈이 오나 비가 오나 꾸준히 합기도 수련을 함으로써, 내 몸과 마음도 한결 가벼워지기 시작했다.

그렇게 흐른 세월이 어언 18년이다. 결코 짧다고 할 수 없는 세월 동안, 나름 부지런을 떤 덕분에 나는 여전히 적정 체중은 물론, 건강을 잘 유지하고 있다. 게다가 예전에는 합기도 술기(術技)를 배우는 수련자의 입장이었지만 이제는 술기를 지도하는 사범으로 바뀔 만큼 그동안 내공이 많이 쌓였다.

만약 18년 전, 내가 합기도에 입문하지 않았거나 아니면 그 중간에 수련을 포기했다면 나는 지금 어떤 모습으로 살고 있을까, 한번 씩 상상해본다. 분명히 몸은 예전에 비해 훨씬 더 비대해졌을 것이고, 당뇨나 고혈압 등 성인병으로 한창 고생하고 있지 않을까?

그러나 다행히도 지난 20년 가까이 나름 성실하고 꾸준하게 합기도 수련을 해온 덕분에 나는 지금 건강을 잘 유지하고 있다. 건강은 만복(萬福)의 근원이라는 말도 있듯이, 우리 인생 행복의 일등공신은 뭐니 뭐니 해도 '건강'이다. 심각한 병에 걸리면 그때부터 우리가 맞이해야 할 삶의 질도 급격히 추락할 수밖에 없다. 또 그로 인한 자신감과 자존감의 손상은 어쩔 수 없는 일이 돼버린다. 건강은 우리 자신이 평소 알아서 직접 챙겨야 할 가장 시급한 과제다.

대인공포증과 연단공포증 극복기

오랜 세월 동안 내게는 말 못할 고민이 하나 더 있었다. 바로 사람들 앞에 나서는 게 무척이나 꺼려진다는 사실이었다. 일종의 대인공포증이다. 그로 인해 학창시절 내내 혹시나 선생님이 나를 지목해 학우들 앞에서 발표를 시키지나 않을까, 하는 걱정도 참 많이 했다. 그후 사회에 진출해서도 내 이런 태도는 크게 변하지 않았다.

그러던 어느 날, 리더십을 전문적으로 지도하는 교수님 한 분을 우연히 알게 되었다. 여기서 '리더십'이란 '무리를 다스리거나 이

끌어가는 지도자로서의 능력'을 뜻하는데, 자기 자신의 의견과 생각을 구성원들에게 당당히 밝혀, 그들을 설득하는 기술을 포함한다. 만날 때마다 그 분은 내게 자신의 리더십 교육에 입문할 것을 적극 독려했다. 하지만 그럴 때마다 나는 고사했다. 뭇 사람들 앞에서 나 자신을 드러낼 용기가 없었던 탓이다.

'과연 내가 잘 해낼 수 있을까?' '모르는 사람들 앞에서 괜한 창피만 당할 거야!' 하는 온갖 두려움 때문이었다. 그러다, 그 분의 제안을 마지못해 수락해야 하는 일이 생기고야 말았다. 며칠 전, 회사 전체회의에서 동료들을 설득해야 하는 상황에서 제대로 내 의견을 밝히기는커녕 말 한 마디 못했기 때문이다. 당시 나 자신이 그렇게 초라할 수가 없었다. 두 번 다시 내 이미지가 이런 식으로 남들에게 각인돼서는 곤란했다. 그때 마침 교수님의 거듭된 제안은 치명적인 내 약점을 극복할 수 있는 절호의 기회로 여겨졌다.

하지만 리더십 실기(實技)를 하는 내내, 사람들 앞에 서 있는 것 자체가 내게는 무척 괴로운 일이었다. 또 그런 나를 남들이 비웃는 건 아닐까, 라는 자격지심이 더해지면서 괜한 헛고생처럼 느껴졌다. 그렇게 숱한 번민과 고통을 부단히도 견뎌냄으로써 나는 이후 장장 5년 이상을 리더십에 집중할 수 있었다. 그에 따라 대인공포증과 연단공포증으로부터 완전히 벗어날 수 있었다.

훗날 남들 앞에서 내 의견을 표현하고 설득하는 화술이 부쩍 늘게 되자, 오히려 나 자신이 그 상황을 즐기고 있다는 것을 깨달을 정도로 내공이 커져 있음을 느꼈다. 이 역시도 순전히 나의 노력만으로 이루어낸 또 하나의 쾌거다.

이렇게 20여 년의 내 삶을 잠시 돌아보게 되니, 순간순간마다 적지 않은 고통의 순간들이 있었음을 확인하게 된다. 그럴수록 나는 그 하나하나를 넘어서기 위해 나름 최선의 노력을 기울였다. 또 내가 잘 모르는 분야에 대해선 늘 왕성한 호기심을 갖고 직접 파고드는 등 나 스스로 그 모든 한계를 넘기 위해 적극적인 태도를 취했다. 그런 호기심과 도전정신이 잘 유지될 수 있었기 때문에 그 모든 시도와 성취가 가능할 수 있었던 것 같다.

우리 삶의 어떤 장애물도 용기를 갖고 기꺼이 넘고자 한다면, 그것은 더 이상 우리에게 장애물로 작용하지 못한다. 나는 이를 몸으로 깨달았다. 물론, 사회 초년병 시절 내가 감행했던 많은 노력에 대해 주변의 반응은 그리 호의적이지 못했다. 괜한 헛고생이라고 폄훼하는 이들도 적지 않았다. 하지만 그런 그들의 반대 아닌 반대에 대해 나는 지금까지 단 한번도 귀 기울인 적이 없다. 오히려 내 소신에 따라 순간순간 최선을 다하며 살아왔다고 당당하게 자부할 수 있다. 때문에 나는 지난 내 삶에 대한 후회가 그리 없다. 오히려 지금까지 내 한계를 넘어서기 위해 나 스스로 기울인 그 모든 시도와 노력들에 대해 '참! 잘했다'며 뜨거운 격려의 박수를 보낸다.

사람들마다 처한 환경은 제각기 다르다. 마찬가지로, 그들의 삶의 궤적도 시간이 지날수록 현격하게 달라질 수밖에 없다. 이는 우리가 찾아야 하는 삶의 해답은 결국 각자가 처해 있는 상황에 따라 크게 달라져야 함을 뜻한다.

우리 인생을 '시험'으로 본다면, 주어진 문항에서 답을 고르는 사지선다형보다는 오히려 개별 주체가 알아서 답을 적어야 하는 주관식에 훨씬 더 가깝다고 할 수 있다. 우리 인생은 결코 정형화되어 있지 않다. 어느 누구의 인생도 눈앞의 신작로와 같이 탄탄대로인 경우는 무척 드물다. 오히려 크고 작은 험준한 산들이 빽빽하게 늘어선 형국이다. 처음엔 오르기 불가능할 것만 같은 태산(泰山)도 한 걸음부터 시작되듯이, 결코 포기하지 않는 '근성'과 꾸준히 파고드는 '의지'를 제대로 갖춘다면, 우리가 찾지 못할 생의 해답은 그리 많지 않다고 본다. 그런 삶의 원칙을 갖고 살고자 할 때, 우리는 후회 가득한 삶이 아닌, 가슴 벅찬 삶을 살 수 있을 것이다.

당장 눈앞에 있는 삭막한 현실에서 눈을 떼보라! 그런 현실(現實)의 눈이 아닌, 이상(理想)의 눈을 부릅뜨고선, 당당히 그 앞으로 나아가라! 원래 무쏘의 뿔은 그렇게, 혼자서 가는 법이다!

앞으로의 삶도 당신 자신이 직접 살아가야 할 시간이라는 점에서 당신에게는 황무지나 다름없다. 그 속에서 안주하거나 만족해서는 결코 안 된다. 비록 힘이 좀 들고 고통스럽게 느껴질지라도 당신이 직접 행동함으로써 얻을 수 있는 삶의 지혜도 그만큼 많아질 수 있음을 꼭 기억하라.

무쏘의 뿔처럼 혼자서 가라.

— 고타마 싯다르타

014

로또?
아니
No또

로또가 생긴 지 올해로 10년째라고 한다. 그동안 팔린 금액이 무려 27조 원어치에 달하며 지금까지 배출한 1등 당첨자 수도 이미 3,000명을 넘어섰다고 뉴스는 전한다.

10년 전 로또가 처음 생겼을 당시, 전국적으로 로또 광풍이 불었다. 많은 국민들이 로또 대박이라는 헛된 꿈에서 헤어나지 못했다. 사실 나도 그 중 한 명이었다. 주말마다 혹시나 하는 기대감을 갖고 근 2년 이상 한 주도 빠뜨리지 않고 로또를 샀다. 하지만 결과는 신통치 않았다. 기껏해야 번호 3개를 맞추는 6등 당첨 몇 번이 전부였다. 그때까지 로또 사는 데 쏟아부은 돈을 모았더라면 그 액수 또한 만만치 않았을 거라는 걸 뒤늦게 깨닫고부터 로또구매를 멈췄다.

하지만 한번 몸에 체득된 습관은 무서웠다. 몇 년 동안 계속 해온 로또구매습관을 일시에 끊기는 무척 힘들었다. 마치 오랫동안 담배를 피워온 사람이 갑자기 담배를 끊었을 때 겪는 금단현상과도 같이, 로또에 대한 내 집착은 중독 수준이었다. '혹시 이러다 1등 당첨의 기회를 영영 놓치는 것은 아닐까?' 라는 불안감이 자꾸만 내 안에서 고개를 들었다. 솔직히, 일반인이 로또 1등에 당첨될 가능성을 확률로 따지자면, 약 814만분의 1에 달한다고 한다. 이는 마치 햇볕이 창창한 맑은 날씨에 길을 가던 이가 우연히 벼락을 맞고 죽게 될 확률만큼이나 현실에서 일어나기 어려운 일이다. 이런 상황인 데도 불구하고, 내 주변을 보면 여전히 로또대박을 노리며 몰빵(?)하는 이들을 쉽게 찾아볼 수 있다.

회사 후배 하나도 같은 입장이었다. 지금까지 당첨된 로또 1등 번호 모두를 면밀하게 분석해보면 일정한 규칙을 찾을 수 있고, 그를 기초해 나름 숫자 조합을 잘하면 1등 당첨 가능성이 꽤 높은 숫자조합을 추릴 수 있다는 다소 황당한 생각을 하고 있었다. 처음 그의 주장을 들었을 때, 주변 동료들의 반응은 그야말로 싸늘했다. 귀신 씨나락 까먹는 소리라며 헛소리로 치부하기도 했지만, 그 후로도 한결같이 똑같은 논리에 집착하며 나름 로또연구에 열심인 후배의 진지한 태도를 보면서 동료 몇 명이 점차 흔들리기 시작했다. 그런 중에 간간히 들려오는 후배의 5,6등 당첨 소식은 그들을 자극하기에 충분했다. 급기야 후배를 졸라 로또 숫자를 매주 분양받는 이들도 생겼다. 하지만 결과는 초라했다. 대박은커녕, 6등 당첨도 가뭄에

콩 나듯 했다. 오랜 시간 동안 이렇다 할 성과 없이 지지부진한 상황이 계속되자, 후배도 지쳤는지 로또연구를 관두고 말았다.

"야들아! 너거 소문 들었나? 동창생 K 소식 말이다!"

"와? 무슨 일인데? 지금 ○○에서 공무원 생활 잘하고 있잖아?"

"맞다! 그런데 걔가 몇 달 전에 로또 1등에 당첨되면서, 자그마치 50억 원 이상을 챙기고 갑자기 잠수탔다고 안 카나."

"뭐라 카노? 그게 참말이가?"

"참말이다! 걔랑 가장 친했던 Y가 그 소식을 듣고 그 녀석에게 몇 번이나 연락을 했지만, 결국 통화 못했다고 안 카나!"

몇 년 전, 대학동창 K가 로또 1등에 당첨되면서 무려 50억 원 이상의 상금을 챙기고는 그 길로 소식을 끊었다는 소문이 동창들 사이에 파다하게 퍼진 적이 있다. 소문의 진위는 정확하지 않지만, 그와 가장 절친했던 동창 Y가 소문을 듣고 그에게 여러 번 연락을 했지만 결국 통화를 못했다는 걸 보면, 그리 과장된 내용은 아닌 것 같다.

그 일이 있고 한동안 동창들 몇이 모였다 하면 으레 K의 인생역전 스토리가 약방의 감초마냥 빠지지 않고 회자되곤 했다.

지인들 중 누군가가 큰돈을 벌었다는 등 대박을 터뜨렸다는 등 약간의 소문만 들려도, 사람들은 쉽게 팔랑귀가 되고 만다. 소문의 진위여부를 정확히 따져보는 것이 순서지만, 처음부터 굳게 믿고자 하는 의도가 강한 경우, 어떤 식으로든 소문을 믿게 되는 것이 바로 사람이다. 이는 삶의 경험이 많고 세상 물정을 잘 아는 사람들이라고 해서 예외가 될 순 없다. 외려 눈앞의 녹록치 못한 경제상황 때문에, 또 희망마저 서서히 꺼져가는 현실 때문에 더더욱 쉽게 흔들릴 수밖에 없는 이들이 바로 마흔 우리들이다.

불혹(不惑) 세대인가
미혹(迷惑) 세대인가

공자(孔子)는 나이 마흔을 일컬어 '세상의 유혹에 좀 더 초연한 상태가 된다'는 뜻에서 '불혹'으로 표현했지만 예전 공자가 살던 시대에 비하면, 요즘 세상은 마흔조차도 쉽게 혹할 수밖에 없는 유혹꺼리들이 주변에 넘쳐난다. 특히 스마트폰을 통해 채 걸러지지도 않은 무수한 정보의 홍수에 자칫하면 매몰되기 십상이다.

이런 환경에 한창 둘러싸인 요즘 40대의 경우, 스스로가 냉철한 판단과 강한 이성의 힘을 갖지 못하면, 쉽게 혹할 수밖에 없다. 그런 이유에서 지금의 마흔 중년세대를 '불혹(不惑)세대'가 아닌, '미혹(迷惑)세대'로 부르는 것이 좀 더 바람직하지 않을까?

로또가 생기고 벌써 강산이 한 번 바뀌었지만 내 주위에는 여전히 로또 대박의 허황된 꿈을 버리지 못한 채, 그것에 매몰되어 사는 이들이 몇몇 있다. 그런 그들을 볼 때마다 내 마음도 답답해진다. 가끔씩 그들에게 다가가 부질없는 짓이라는 조언을 하며 만류를 해보기도 하지만 그들은 요지부동이다. 오히려 자신들에게는 한낱 푼돈에 불과하다는 논리를 앞세워가며 강하게 응수해온다.

솔직히 로또에 투여하는 금액이 많고 적고는 그리 중요하지 않다. 그보다는 대박만을 노리며 지금까지 그들이 쏟아부은 소중한 시간과 에너지를 고려해보면, 그만큼 소비적인 행위도 없다는 생각이다. 여태껏 그들이 쏟아부은 열정과 시간을 로또가 아닌, 자신들이 진정으로 원했던 '꿈'을 향해 투입했더라면 과연 그들은 지금 어떤 모습으로 일취월장해 있을까, 라는 생각을 가끔씩 해본다.

마흔에 접어든 우리는 무엇보다도 인생에서 중요한 것과 그렇지 못한 것을 제대로 구분할 수 있는 혜안이 필요하다. 사소한 집착이 훗날 헤어나올 수 없는 중독으로 커질 수도 있듯이, 스스로 나쁜 습관들에 물들지 않도록 엄격히 자기 조절을 할 필요가 있다. 자기 욕망과 욕심만을 채우려는 중독에 가까운 악습과 멀찍이 떨어져 살아야 한다.

"당신의 시간은 제한되어 있으므로 마치 다른 사람의 인생인 양, 시간을 낭비해서는 안 됩니다. 다른 사람들의 생각에 얽매이지 마십시오. 타인의 소리가 내면의 진정한 목소리를 방해하지 못하게 하십시오. 가장 중요한 것은 심장과 직관이 이끄는 대로 살아갈 수 있고 용기를 가지는 것입니다. 항상 배고파하고 항상 무모해지십시오!"

혁신의 아이콘 스티브 잡스가 스탠포드 대학교 졸업식장에서 외쳤던 이 말은 마흔에 접어든 우리에게도 많은 생각거리를 던져주는 좋은 화두가 되는 말이다.

사람이 습관을 만들지만
결국 습관이 사람을 만들게 된다.

— 존 그라이든

015

패기는 없을지언정
넉넉함은
갖출 수 있도록

기분이 헛헛할 때마다 가끔씩 들르는 선술집이 하나 있다. 60대 초로의 아주머니가 직접 빚은 청주 맛이 일품이다. 술 빛깔이 청아한 만큼, 뒷끝도 말끔해서 붙여진 이름이 '청주(淸酒)'라며 주인은 너스레를 떤다. 그런 이유로, 그곳에서 술을 마신 다음날은 컨디션이 꽤 괜찮다. 비가 오든가 날이 좀 구물하면, 그곳은 늘 많은 4,50대 중년들로 북새통을 이룬다. 이른바 7080 술집이다.

하루는 L선배와 그곳에 들렀다. 그날 오전까지 날씨가 찌뿌듯하더니, 결국 오후 늦게 돼서야 봄비답지 않게 유독 많은 비가 내렸다. 때마침 청주 맛이 간절하여 선배와 함께 그곳을 찾았던 것이다.

그날도 실내는 이미 손님들로 꽉 차 있었다. 한참을 기다려서 겨우 자리 하나를 잡을 수 있었다. 유독 청주를 좋아하는 선배는 앉자

마자 몇 잔을 연거푸 들이켰고, 흥에 겨워 연신 재미있는 이야기로 분위기를 띄우다가 어느 순간, 가슴속 고민을 털어놓기 시작했다.

그는 기러기 아빠다. 지난해, 아내와 중학생 아들을 필리핀으로 보냈다. 하나 밖에 없는 아들이 몇 년에 걸쳐 학우들로부터 심한 왕따와 구타를 당하는 등 지속적으로 괴롭힘을 당했는데, 자폐 기질이 있는 아이가 그렇게 되고 보니 부모로서 그들이 받은 마음의 상처도 무척 컸다. 오랜 고민 끝에 아내와 아이는 필리핀으로 가고, 선배는 이곳에서 아이 학교 졸업 때까지 뒷바라지하기로 결정했다.

하지만 몇 달 동안 홀애비 신세로 지내다 보니, 그의 외로움과 고통은 이루 말할 수 없이 컸다. 여차하면 자신도 가족을 따라 그곳으로 가고 싶지만, 교육비며 생활비를 생각하면 그럴 수도 없다.

"낼모레면 내 나이도 오십이야. 언제까지 이렇게 살아야 할지 막막하기 그지없어! 차라리 이혼이라도 했으면 재혼이라도 할 텐데… 이게 무슨 꼴이야? 이제는 혼자 사는 것도 정말 지긋지긋해!" 라며 하소연하는 선배의 얼굴이 무척 어두웠다. 나도 갑자기 기분이 우울해졌다. 아무쪼록 머지않은 미래에 선배 가족이 다시 합쳐, 예전의 행복을 되찾을 수 있기만을 바랄 뿐이다.

우리 삶에서 고통과 행복은 어떤 상관관계가 있는 걸까?

고통이 없는 상태를 행복으로 규정하기는 힘들 것이다. 오히려 어둡고 긴 고통의 터널 속에서도 그것을 뚫고 자신의 길을 묵묵히 가는 것이 바로 행복 아닐까?

얼마 전,《사막을 건너는 여섯 가지 방법》이란 책을 보다가 "성공으로 가는 길은 성공으로 덮여 있지 않다" 라는 글귀가 가슴 깊이 와서 박혔다.

우리가 원하는 행복은 신작대로 위에서 쉽게 마주치는 것이 결코 아니다. 때로는 가시밭길 속에서 마주할 때도 있고 때로는 거친 자갈길을 헤쳐 나가다가 우연히 만날 수도 있는 것이다.

행복은 고통이나 불행, 역경 등으로 점철된 인생길을 걸으며 마주하게 되는 값진 보물이다. 역경 뒤에 맛보는 행복의 열매는 무척 달지만, 쉽게 거저 얻게 되는 행복은 그만큼 가치와 의미가 없어진다.

우리 인생이 길면 길수록 살아오면서 겪어온 삶의 고통과 시련도 적지 않았을 것이다. 또 그 과정에서 감당해야 하는 감정적 손실도 결코 적은 것이 아니었다. 그렇다 하더라도 고통의 순간마다 남 탓, 환경 탓만 하면서 소중한 인생을 낭비해서는 안 된다. 어차피 겪어야 할 고통이라면, 고통을 고통으로만 볼 것이 아니라 삶의 단계마다 우리가 거쳐야 할 통과의례로 보는 게 훨씬 더 생산적이다.

인생이란
구름 낀 하늘을
항해하는 것과 같다

인간은 누구나 풍요롭고 잘 나가는 시기보다는 괴롭고 힘든 시기

속에서 더 큰 내면의 성장을 이룰 수 있다.

'인생지사 새옹지마'라는 말대로, 우리가 엉겁결에 마주하는 불행이 훗날 행복의 씨앗이 될 수도 있고, 처음엔 행복으로 보였던 것이 훗날 불행의 단초가 될 수도 있다. 살면서 일어나는 문제들 하나하나에 대해서 너무 집착하고 일희일비할 필요가 없다. 현상과 본질이란 사안으로 볼 때, 인간은 흔히 본질은 망각하고 현상에만 집착하는 경향이 있다. 이는 삶이 주는 고통이나 고난을 대할 때도 예외가 아니다. 고통을 고통으로만 인식하고 그 뒤에 숨은 고통의 본질을 외면한다면 소중한 가치를 놓치고 마는 셈이다.

인도의 시성(詩聖) 타고르는 "당신이 태양을 잃었다고 눈물을 흘린다면 별들을 놓치게 될 것이다"라고 했다. 삶이 주는 고통 앞에서 지레 겁먹고 낙담할 것이 아니라, 능동적이고 주도적인 용기를 발휘할 수 있어야 한다. 그런 긍정적 마음을 가질 때 우리가 얻게 되는 고통과 시련의 자양분도 훨씬 더 커질 수 있음을 기억하라.

행복이란 우리에게 그저 주어지는 것은 결코 아니다. 그것마저도 우리가 이미 목표로 삼았고, 의도했기 때문에 비로소 우리가 가질 수 있는 결과물인 것이다. 그런 차원에서 화학자 조지프 캠벨은 무척 의미심장한 한 마디를 던졌다.

"자신의 행복을 좇으라. 그러면 전에는 없던 곳에서 문이 열린다!"

행복한가 불행한가 하는 것은 삶의 겉모습만 보고 판단할 문제는 단연코 아니다. 애당초 절망적이었던 것이 우리의 '태도와 감정 선택'의 과정을 거치면서 행복으로 바뀔 수도 있고, 애당초 희망적이었던 것도 우리의 그릇된 태도와 감정 선택을 거치면서 절망적으로 바뀔 수 있다. 행복과 불행의 문제는 우리 자신의 자의적인 선택에 의한 결과물이다. 비록 고통스러운 상황에 처하더라도 내가 고통에 얽매여 있지 않는 한, 그 상황 자체가 고통이 되지는 못한다.

우리는 흔히 완전한 행복, 완벽한 행복을 바라지만 이는 어디까지나 우리의 착각에 불과하다. 인간의 삶 자체가 불완전한데, 어떻게 그 속에서 완전하고 완벽한 행복을 바랄 수 있단 말인가? 그보다는 "불완전함을 인정하는 것이 행복으로 가는 첫 걸음"이라고 밝힌 에픽테토스의 말처럼, 절망이나 시련, 실패 등과 같은 불완전한 상황을 먼저 인정하면서 순순히 받아들일 때, 행복을 향한 우리의 여정도 본격적으로 시작될 수 있음을 기억하는 것이 좋을 것이다.

마흔쯤 되면 삶의 고통과 고난조차도 담담하고 의연하게 받아들일 수 있는 인생 내공이 쌓여 있다. 비록 젊은이의 패기는 희미해져 있을지 모르지만, 삶이 주는 고통이나 고난마저 능히 포용할 수 있는 의연함이 이미 우리 안에 내재되어 있다. 마치 숱한 삶의 역경을 극복해온 백전노장과 같은 모습이다. 그런 의미에서, 일본 막부 도쿠가와 이에야쓰의 다음 말은 무척 인상적이지 않은가.

"인생이란 구름 낀 하늘을 항해하는 것과 다를 바 없다. 맡은 일에 성실하고 정도(正道)를 걷는다면 구름이 구름이겠는가?"

불행의 원인은
늘 내 자신에게 있다는 것을 알아야 한다.
몸이 굽었기 때문에 그림자도 굽은 것이다.
어떻게 그림자가 굽은 것을 탓할 수 있겠나.

– 파스칼

부부의
언어

미국의 마샬 로젠버그 박사는 《비폭력대화》란 책에서 상대방을 공격하는 전쟁의 언어를 '자칼의 언어'로, 상대방을 감싸는 평화의 언어를 '기린의 언어'로 규정했다. 자칼의 언어를 습관적으로 사용할 경우 사람 사이에 다툼과 갈등이 생기는 반면, 기린의 언어를 습관적으로 사용하면 평화와 행복이 깃들 수 있다는 것이다.

마찬가지로 부부 사이에 어떤 언어를 주로 사용하느냐에 따라서 서로의 관계는 크게 달라진다. 늘 문제의 원인과 책임을 상대 배우자의 탓으로 돌리면서 비판과 명령을 일삼는 자칼의 언어를 쓰는 부부의 경우, 다툼과 갈등은 상시적인 일이 되고 만다. 그런 반면, 상대 배우자의 감정을 존중하면서 화합과 조화를 추구하는 기린의 언어를 쓰는 부부는 행복하고 평화로운 결혼생활을 보장받을 수 있

◇◇◇

다. 결국 자칼의 언어는 내 입장만을 고려하는 이기적인 언어인 반면, 기린의 언어는 상대방의 입장을 배려하는 이타적인 언어에 해당된다.

법륜 스님의 책《스님의 주례사》에는 이런 말이 나온다.

" '안개 속에 있으면 옷 젖는 줄 모른다' 는 말이 있습니다. 남녀가 대단한 문제 때문에 헤어지는 것 같지만, 안개비 속에 한참 있으면 옷이 젖듯이 아주 작은 사건들이 모여 결국 헤어지게 만듭니다."

부부 사이의 언어도 마찬가지다. 부부가 헤어지고 파경을 맞게 되는 것은 그들이 평소 내뱉는 '한 방'의 말에 의해 단숨에 그렇게 되는 경우는 드물다. 상대의 입장을 고려하지 않는 한 마디의 말에서 마음의 상처를 받고 그것이 누적되면서 끝내 부부관계가 깨지게 되는 것이다. 행복한 결혼생활을 원한다면 먼저 서로의 언어습관부터 고칠 필요가 있다. 둘 사이에 주고받는 언어가 자칼의 언어에 가깝다면 기린의 언어로 바꾸기 위해 노력해야 한다.

상대 배우자를 감싸는 기린의 언어는 한편으로 '사랑의 언어'에 해당되며, 이런 부부 간의 사랑의 언어에도 다섯 가지 종류로 나눌 수 있다고 주장하는 이가 있다.

바로 미국의 유명 심리학자 게리 채프먼이다. 그는 자신의 책,《5가지 사랑의 언어》에서 부부 사이의 진정한 행복을 이루기 위해선 배우자에게 딱 맞는 맞춤형 언어를 구사할 것을 강조하고 있다. 그렇다면 그 다섯 가지 사랑의 언어는 과연 무엇인가?

다섯 가지
사랑의 언어

첫째, '인정하는 말'이다. 이 말을 선호하는 이들은 무엇보다도 자신이 한 일이나 성취에 대해서 칭찬과 격려 등과 같은 '인정하는 말'을 들을 때 진정으로 사랑을 느끼게 된다. 가령 "당신 음식 맛이 최고야" "어떻게 이렇게 깨끗하게 청소를 한 거야!" "당신 집안 살림 한다고 참 고생이 많아!" 등과 같이 상대방의 업적, 성과에 대한 칭찬과 인정의 말이 여기에 해당된다.

둘째, '함께하는 시간'이다. 이 유형에 속하는 이들은 서로 같은 시간에 같은 공간을 공유함으로써 사랑을 느낄 수 있다. 가령, 둘만의 여행을 간다거나 취미활동이나 봉사활동을 함께하는 것과 같은 공동의 활동이 여기에 속한다.

셋째, '사랑의 징표'다. 배우자의 생일이나 기념일에 주고받는 선물을 통해서 깊은 사랑을 느끼는 경우다. 이들에게 있어 물리적 보상은 진정한 사랑의 증거물이다.

넷째, '봉사'다. 아내를 위해 집안 청소나 설거지를 한다거나 남편을 위해 맛있는 음식 만들기 등과 같은 수고를 그 예로 들 수 있다. 만약 배우자가 이 욕구가 강하다면 그(그녀)를 위해 자신의 수고쯤은 기꺼이 감수할 수 있어야만 할 것이다.

다섯째, '스킨십'이다. 부부 서로가 포옹을 하거나 손을 잡거나

마사지를 하는 등 피부접촉을 통해서 사랑을 느끼는 경우다. 이런 유형에게 피부접촉은 최고의 친밀감이 된다.

위와 같이 부부끼리 통용되는 사랑의 언어에도 다섯 가지로 나눌 수 있다. 자신의 배우자가 이 중에서 어떤 유형에 속하는지 미리 파악해 그(그녀)의 욕구를 좀 더 정확하게 충족시킬 수 있을 때 그들 사이에도 이상적인 사랑이 꽃 필 수 있다고 게리 채프먼은 강조한다.

이 책의 내용을 토대로 나도 아내와 서로의 언어가 어디에 해당되는지 파악하기 위해 대화를 나눠봤다. 먼저 내 경우에는 직접 이룩한 성과나 성취에 대한 '인정'을 받을 때 최고의 기쁨을 느끼는 것으로 나타났다. 그런 반면 아내는 '스킨십'이나 자신을 위해 하는 '봉사'를 통해서 좀 더 깊이 사랑받는다는 느낌을 갖는 것으로 나타났다. 그래서 우리 부부도 각자가 밝힌 사랑의 언어를 염두에 두면서 평소 서로의 대화방식에 변화를 주었다. 그러자 서로 간의 오해와 다툼이 확실히 줄어들었다는 걸 느낄 수 있었다.

현왕(賢王) 솔로몬은 "죽고 사는 것이 서로의 혀에 달렸다"고 말했다. 우리가 쓰는 언어는 사람을 살릴 수도 있고 죽일 수도 있을 만큼 무척 중요하다. 하지만 많은 이들이 부지불식간에 말을 쉽게 뱉고 말을 함부로 하고 있다. 이런 경우 말은 우리에게 해악을 끼치는 언어공해로 전락하게 된다.

'말 한마디로 천 냥 빚을 갚는다'는 속담과 반대로, 경우에 맞지 않는 부적절한 말 한 마디는 큰 화를 자초할 수도 있다는 걸 꼭 명심하자. '구화지문(口禍之門)'이라는 말도 있다. 세상 모든 화의 근본은 우리의 입, 즉 말에서 비롯된다. 일단 한 번 뱉은 말은 비록 내 입에서 나왔다 할지라도 더 이상 내 것이 아니다. 일단 말로 표현한 이상, 상대도 이미 내 뜻을 간파했기 때문에 그 말을 다시 주워 담기는 사실상 불가능하다. 그러므로 항상 말조심, 입조심해야 한다.

부부가 존중하는 말이 아닌, 막말로 서로를 대하는 모습만큼 인상을 찌푸리게 하는 일도 없다. 서로 허물이 없고 친하다고 해서 말도 그렇게 했다가는 큰 화(禍)를 불러일으킨다. 말이란 서로에 대한 존중이자 진정한 사랑의 표현이 될 수 있을 때 가장 이상적이다.

만약 위에서 밝힌 부부 사이의 올바른 언어법이 복잡하다면 "미안해요!" "사랑해요!" "고마워요!" 이 세 마디 말만 유효적절하게 쓰는 것도 좋은 방법이다.

이 말들은 모두 서로를 해치지 않는 평화와 화합의 언어인 기린의 언어에 속한다. 간단하지 않은가?

부부가 서로 공감과 이해를 구한다고 해서, 굳이 많은 말을 쏟아낼 필요는 없다. 오히려 상대 배우자의 감정을 이해하고 존중하는 간단한 말 한마디면 된다. 백 마디의 공감할 수 없는 복잡한 말보다 훨씬 더 큰 효력을 발휘할 수 있다.

부부행복의 제1법칙, 당신이 배우자와 어떤 언어를 구사하느냐에 달려 있음을 꼭 기억하라.

◇◇◇

모든 재앙은 입에서 나온다. 입을 지켜라.
맹렬한 불길이 집을 태워버리듯,
입을 삼가지 않으면 입이 불길이 되어
온몸을 태우게 될 것이다.
모든 사람의 불행한 운명은
그 입에서 생기는 것이다.
입은 몸을 치는 도끼요,
몸을 찌르는 칼이다.

— 석가모니

부부의
소통

최근 아르바이트 포털 알바인에서 '우리가족 행복지수'를 주제로 한 설문조사 결과를 발표했다. 회원 1,695명을 대상으로 한 이번 조사에서 나이별로 느끼는 가족 간의 행복지수가 달랐다.

먼저, 20대 젊은 층이 느끼는 가족 행복지수가 평균 68점으로 가장 높게 나온 반면, 30대는 65점, 40대는 60점, 50대 이상은 53점으로 나타났다. 나이가 들수록 행복지수가 더 떨어지는 반비례 관계를 보였다. 게다가 20대 중 7.4퍼센트는 가족 행복점수를 100점으로 표시한 반면, 50대 이상 중장년층의 경우, 100점으로 기록한 이들이 전무했다는 점이 무척 인상적이다. 이렇게 나이가 들수록 가족에게서 느끼는 행복지수가 떨어지는 이유는 무엇일까?

평소 가족 간에 소통이 부족하기 때문일 것이다. 우리가 일상에

◇◇◇

서 가장 많이 부대끼며 살고 있는 가족공동체 안에서 '대화'는 서로 간의 소통을 터주는 필수 도구로 작용한다. 그것이 기본적으로 원활해질 때, 가족 구성원들 모두의 행복지수도 높아질 수 있다.

하지만 한 가정의 생계를 책임지고 있는 가장인 아버지 입장에서 보면, 가족부양과 자녀양육이라는 중압감이 의외로 크다. 그래서 집안 분위기보다는 생업에 더 큰 중점을 둘 수밖에 없다. 이 과정에서 아내나 자식들과의 소통에 문제가 자주 발생하게 되며, 가족 간의 '불통(不通)'이라는 두꺼운 벽을 만들게 된다.

가정 안에서, 특히 부부 간에 소통이 되지 않으면 당사자인 부부는 물론, 자식들의 행복지수도 급격히 추락한다. 또 그로 인해 훗날 자식들이 결혼하여 배우자와 소통할 때 문제가 될 수도 있다.

평소에 부부 사이에 대화가 빈약해져 소통에 문제가 생기면 몸은 물론 마음도 멀어지게 된다. 부부 간의 애정(愛情)이 애증(愛憎)으로 변하게 되는 것이다. 하지만 부부 사이에 생기는 다툼과 갈등의 대부분은 순간적인 생각과 감정의 격차에서 비롯되는 경우가 많다. 누가 옳고 누가 그르냐의 문제는 그들 사이에 부차적인 것에 불과하다. 잘 통하는 부부란, 갈등이 전혀 없는 사이라기 보다는 시시 때때로 갈등이 생기더라도 먼저 상대 배우자의 감정과 입장을 존중해주고 이해해주는 사이라고 할 수 있다. 그런 부부 사이의 배려의 중심에는 늘 원활한 대화와 소통이 있다.

화성에서 온 남자
금성에서 온 여자

"남녀가 서로의 차이를 인정하고 존중할 때, 비로소 사랑은 꽃을 피울 기회를 얻게 된다."

《화성에서 온 남자, 금성에서 온 여자》에서 존 그레이가 한 말이다. 이 말을 좀 더 구체적으로 설명하면 이렇다.

논리적이고 직설적인 감정표현에 능한 남자와 달리, 여자는 우회적인 감정표현을 선호한다. 남자가 능력, 효율, 업적 등과 같은 이성적이고 객관적인 단어 사용을 즐기는 반면, 여자는 사랑, 친밀감, 대화 등과 같이 주관적이고 감성적인 언어를 주로 사용한다. 또 남자는 자신의 목적이 달성됐을 때 큰 기쁨을 느끼지만, 여자는 자기 자신의 감정을 타인과 제대로 공유할 수 있을 때 무척 기뻐한다.

이렇게 남녀는 같은 사람인 듯하지만, 좀 더 깊이 들어가면 서로가 너무 다르다. 이런 남녀 간의 차이를 잘 이해하고 받아들일 수 있을 때, 사랑과 행복의 꽃이 활짝 필 수 있다고 책은 전한다.

하루는 친한 후배를 만났다. 모처럼 보게 된 그의 안색이 별로였다. 무슨 문제라도 있는지 물었더니 후배의 이야기가 시작된다.

몇 달 전, 후배가 평소 아침밥을 잘 챙기지 못하는 아내를 타박했다. 그러자 아내도 대뜸 자신이 매일 해야 하는 아이들 뒷바라지며,

시도 때도 없이 생기는 집안일 등을 이유로 대며 대들기 시작했다. 그것이 화근이 되어 대판 싸웠다. 급기야는 오랜 결혼생활 동안 섭섭했던 시시콜콜한 과거사 모두를 들먹여가며, 결국 싸움은 도를 넘고 말았다. 그 때부터 부부는 대화의 문을 완전히 닫았고, 또 그렇게 말 한마디 하지 않고 지낸 기간이 벌써 6개월이 넘었다고 한다.

후배의 얘기를 듣고 내심 놀랐다. 아무리 부부가 크게 싸웠기로서니, 6개월 이상 전혀 대화를 하지 않을 수 있는지 도통 이해가 되지 않았다. 바로 옆에서 그들 부부를 지켜보고 있는 자식들은 지금 어떤 심정일까, 궁금해졌다. 그런 생각에 미치니 후배 부부의 싸움은 '칼로 물 베기'가 아닌, 아예 부부관계를 완전히 깨자는 '이판사판'으로 느껴졌다. '가정의 행복'이라는 대의를 위해서 남편이 먼저 굽히는 척이라도 하는 게 좋겠다는 독려와 함께 그와 헤어졌다.

평소 애정전선에 문제가 없던 부부들도 일단 다툼과 갈등이 발생하면, 그때부터 서로 간에 자존심이라는 두터운 방어막을 치기 시작한다. 또한 그 방어막의 두께는 부부가 함께 살아온 세월의 두께만큼이나 두꺼워질 수 있다. 특히 부부 나이가 마흔을 넘어서면, 서로 간에 벌어지는 기 싸움도 최고조에 다다를 가능성이 높아진다. 예전 같으면 남편이 주로 가정사의 주도권을 쥐는 입장이었지만, 이제는 아내도 남편과의 기 싸움에서 쉽사리 물러서지 않는다.

최근 들어 중년부부들의 이혼이 가파르게 급증하고 있다는 뉴스가 심심찮게 들려온다. 대부분 평소 부부 사이의 소통에 문제가 있었던 커플들인데, 그렇게 파국을 거쳐 솔로의 몸으로 돌아온, 이른바 돌싱(돌아온 싱글)들의 하소연을 들어보면, 그들 중 상당수가 과거 자신의 섣부른 판단과 경솔한 결정에 대해 때늦은 후회와 반성을 하고 있다. 또 그들 중 일부는 재혼을 해서 새로운 행복을 꿈꾸지만 그 또한 그리 성공률이 높지 않다는 게 현실이다. 특히 우리나라와 같이 늘 타인의 눈을 의식하고, 재혼에 대한 인식이 낮은 사회적 분위기 속에서 재혼 성공률은 더 낮을 수밖에 없다.

한때 서로가 열정적으로 사랑해 결혼에 이른 이들이 결국 원수지간이 되어 등을 돌리고 나면, 그 때부터 마주해야 하는 자식문제며 생계문제 등과 같은 현실문제도 그리 호락호락하지만은 않다. 이것이 바로 홧김에 이혼한 부부들의 자화상이다.

남녀가 만나, 사랑을 하고, 결혼을 해, 가정을 이루는 이유는 단순히 자식을 낳고 잘 먹고 잘 살기 위해서 하는 것만은 결코 아닐 것이다. 그보다는 자신에게 주어진 인생을 더 많은 행복과 사랑으로 채워넣고, 또 거기서 나름의 삶의 의미와 가치를 찾고자 하는 의도에서 감행하게 된 것이 바로 남녀간의 결혼이 아닐까?

결혼은 서로가 행복해지기 위해서 하는 것이다. 당신의 삶이 앞으로도 계속 행복하기를 바란다면 무엇보다도 당신 스스로가 부부 행복의 제2법칙인 배우자와의 소통에 더 큰 관심을 두어야만 할 것이다.

진정한 의미에서
사랑에 빠진 사람에게
세상은 존재하지 않는다.
사랑하는 사람이
그것을 대체하기 때문이다.

– 호세 오르테가 이 가세트

수의에는...
호주머니가
.... 없다

시간과 행복
소유와 행복
그 상관관계

"인간의 삶은 머리카락 굵기 만한 시간인 현재 안에 있다는 것을 기억하라. 과거는 지나갔고 미래는 아직 보이지 않는다. 따라서 인생은 짧고 인간은 좁은 구석에 살고 있다."

철학자 마르쿠스 아우렐리우스의 말이다.

우리의 현실 그대로를 표현하고 있다. 흔히 우리는 현재보다도 이미 지나간 과거나 오지 않은 미래에 더 많은 관심을 기울이며 살아간다. 하지만 우리의 행복과 삶의 충만을 위해서는 과거나 미래보다는 오히려 현재에 좀 더 충실해야만 한다. 과거는 이미 지나갔고, 미래는 아직 오지 않았기에, 그 시간은 우리가 어찌할 수 없는 불가항력에 속하기 때문이다. 우리가 유일하게 바꿀 수 있는 시간은 '현재' 밖에 없으며, 그 시간이 우리에게 가장 소중하다.

"현재를 시간으로 환산하면 약 5초에 해당한다"고 심리학자 빌헬름 분트는 말했다. 그야말로 눈 깜짝할 사이에 현재는 바로 과거가 되고 만다. 자칫 우리의 의식이 깨어있지 않으면, 우리는 늘 과거의 뒷모습만 바라보면서 살지도 모를 일이다. 그렇기 때문에 우리는 현재에 온전히 존재할 수 있어야 한다. 이를 간단하게 표현해, '현존(現存)'이라고 한다. 이에 대한 설명을 위해 두 가지 예를 덧붙이면 다음과 같다.

지금 내 주변에는 코스모스 꽃들이 활짝 피어 있다. 마치 온 천지가 코스모스 세상으로 여겨질 만큼 수많은 코스모스가 내 주변을 둘러싸고 있다. 그 중에서도 특히, 나는 강하고 진한 코스모스 꽃향기에 집중한다. 그렇게 한참 동안을 코스모스 꽃향기에만 몰입하다 보니, 저절로 그 밖의 세상만사에 대해서는 잊을 수 있었다. 비록 짧은 시간이지만 내 머릿속에는 코스모스 꽃향기 하나만을 남겨둔 채, 그 외의 것들은 존재하지 않게 된 셈이다. 이때, '코스모스 꽃향기'가 바로 나 자신이 현존할 수 있게 한 매개체가 되었다.

또 이런 경우도 가정해볼 수 있지 않을까?

나는 지금 집 옆 강변을 달리고 있다. 엊그제 마신 술로 인해 머리는 좀 무겁지만 달리는 행위에만 온정신을 집중하고 있다. 이윽고 두 다리의 움직임과 거친 숨소리마저도 의식하지 못할 만큼, 나는 무념무상의 상태에 빠졌다. 시간의 흐름마저도 의식하지 못할 정도다. 결국 목표한 지점에 이르러서야 내 의식도 현실로 복귀할 수 있었다. 그렇게 30분 가량 달리는 동안 나는 진정한 현존상태에 머물 수 있었고, 또 그를 통해 카타르시스를 맛볼 수 있었다.

위와 같이, 나는 '수많은 코스모스 꽃향기를 맡으며' 그리고 '달리기를 하면서' 내 의식이 현재에 깨어 있는 현존상태에 이를 수 있었다. 그를 통해서 그 전까지 시도 때도 없이 나를 괴롭혀온 온갖 스트레스와 상념들로부터 잠시나마 벗어날 수 있었다. 그 결과 내 마음도 한결 더 충만해졌다는 느낌이다.

하지만 우리 일상생활은 대부분 이렇지 않다. 현존이 아닌, 온갖 잡생각에 시달리면서 고통을 받는 경우가 적지 않다. 또한 바쁜 세상사에 쫓기다 보니, 늘 우리의 의식은 현재가 아닌, 과거나 미래를 수도 없이 넘나들게 된다. 그래서 온갖 걱정, 고민, 불안, 우울 등과 같은 나쁜 감정들에 우리 자신이 한껏 노출되고 만다.

만약 이 상태가 계속 유지될 경우, 우리는 현존과는 아주 동떨어진, '몸 따로, 생각 따로' 식으로 균형이 깨진 상태에 머물 수밖에 없다. 비록 몸은 현재에 머물지언정, 우리의 생각이나 의식은 그 시간을 멀찍이 벗어난, 과거나 미래의 어디쯤에서 한창 헤매게 된다.

우리가 흔히 착각하는 것 중 하나가 바로 '우리 자신의 행복을 과거나 미래에서 찾으려 한다'는 사실이다. 솔직히 우리가 그토록 원하는 행복은 과거나 미래와는 전혀 상관이 없다. 우리 의식이 현재에만 깨어 있는 상태인 현존해 있을 때, 우리 스스로도 진정한 행복을 맛볼 수 있음을 꼭 기억하라.

현재에 온전히
존재해 있기 위하여

'현존'은 노력이나 의지 없이는 제대로 이루기 어려운 상태다. 우리 의식이 늘 현재에만 깨어 있도록 스스로 의식적으로 노력해야 하기 때문이다. 자칫 잘못해 생각이나 의식의 끈을 놓치게 되면 의식은 현재를 완전히 벗어나버려, 행복 또한 우리와 전혀 상관없는 일이 돼버린다.

현존과 관련해, 좀 더 구체적인 사례를 들면 다음과 같다.

만약 우리가 아주 멀리 떨어진 곳까지 갑자기 차를 몰고 가야 하는 상황이 발생했다고 가정해보자. 그것도 깜깜한 밤에 말이다. 그렇다면 일단 자동차의 시동을 건 후, 전조등도 켜게 된다. 이때 자동차 전조등의 사정거리는 전방 100미터로 가정하고, 목적지까지의 거리는 100킬로미터라고 해보자.

그렇다면 여기서 의문이 생긴다. 전조등 불빛의 사정거리는 겨우 100미터에 불과한데, 목적지까지 100킬로미터를 어떻게 무사히 갈 수 있을까 하는 문제다. 하지만 이에 대해 우리는 그리 큰 걱정을 하지 않는다. 왜냐하면 전조등 사정거리 100미터를 기준으로, 대략 1000번을 거듭해 차를 계속 몰게 되면, 목적지까지 무사히 당도할 수 있기 때문이다. 이때 전조등의 사정거리 '100미터'는 바로 '현존'을 뜻한다. 그리고 목적지까지의 거리인 '100킬로미터'는 우리가 늘 목표로 하는 '행복'을 상징하게 된다. 따라서 우리가 진정으로 행복해지기 위해선 늘 우리의 생각이나 의식을 현존범위인 '100미터' 안에 잘 유지할 수 있도록 해야만 한다. 이렇게 우리가 늘 '현존 = 행복'이라는 간단한 도식을 되새기며 그에 맞게 살려고 노력한다면 우리 자신의 진정한 행복도 그리 멀리 있는 것이 아니다. 여기서 퀴즈를 하나 내드리겠다.

"사람들이 입는 많은 종류의 옷들 중에서 유일하게 호주머니가 달리지 않는 옷은 과연 무엇일까?"

"…."

"답은 바로 수의다."

사람이 죽고 나면, 입히는 수의(壽衣)에는 일체의 호주머니가 없다. 이생에서 혼이 깃들었던 육신조차도 죽고 나면 어쩔 수 없이 이곳에 놔두고 가야 하는 마당에, 돈이나 물건을 담는 호주머니는 더 말해봐야 무엇하랴! 그야말로 거추장스러운 것에 불과하다. 우리가 그토록 악착같이 집착하던 '돈'도 살아 있을 때에만 중요하지 그 외에는 무용지물에 불과하다.

'공수래공수거(空手來空手去)'라는 말도 있듯이, 사람은 누구나 빈손으로 왔다가, 빈손으로 가게 돼 있다. 그럼에도 불구하고 많은 사람들이 그와 상반된 모습으로 살고 있다. '돈 = 행복'이라는 잘못된 도식에 혹해서 살고 있는 이들이 참 많다.

결과적으로 행복은 소유와는 그리 상관이 없다. 만약 행복이 소유와 밀접한 관련이 있다면, 이 세상에서 가장 행복한 사람은 당연히 가장 많이 소유한 이가 될 것이다. 하지만 현실은 그렇지 않다. 제아무리 많은 돈을 가진 부자라고 하더라도 불행하게 사는 경우는 얼마든지 있기 때문이다.

소유의 또 다른 이름은 '행복'이 아닌, '만족'이나 '집착'으로 볼 수 있다. 많이 가지면 가질수록 만족감이나 집착감을 충족시킬 수 있을지는 모르나, 행복에는 그리 큰 영향을 못 미친다.

다시 강조하지만, 행복은 돈이나 물질이 아닌, 시간과 가장 밀접한 관련이 있다. 그것도 과거나 미래가 아닌, 눈앞에 있는 현재가 바로 우리의 행복과 직접 연관되게 된다. 행복을 누리고자 한다면 무엇보다도 지금까지 움켜쥐고 있던 손은 일시에 '놔' 버려야 한다. 그 대신, '지금 이 순간'이라는 현재에 온 의식을 집중해, 자기 스스로 진정한 현존상태에 머물 수 있어야만 한다. 이를 제대로 실천할 수 있을 때, 비로소 우리의 행복도 현재진행형이 될 수 있다.

얼마 전에 읽은 에크하르트 톨레의 책, 《지금 이 순간을 살아라》에서 본 인상적인 문구를 되새기며, 글을 마무리할까 한다.

"의식적 깨달음을 선택하는 것은 과거와 미래에 대한 애착을 버리고 '지금'을 당신의 삶의 구심점으로 만드는 것입니다. 그러면 당신은 더 이상 고통을 필요로 하지 않습니다."

현재에 더 이상
부족함이 없으면,
그것이 영원이다.

— 보에티우스

019

나이들어 가는 것
늙어가는 것에
대한 단상

40대로 접어들면서 내 외모는 물론, 일상적인 습관도 많이 변했다. 갸름했던 턱선은 나잇살이 붙으며 두루뭉술해졌고, 눈밑살도 피부가 처져 두둑해졌다. 게다가 허리 주변 배둘레햄(?)은 이미 굵어질 대로 굵어져, 볼 때마다 한숨이 절로 나온다. 그 뿐만 아니다.

매일 아침마다 거울 앞에 서던 버릇도 어느 순간부터 뜸해졌다. 하루가 다르게 늘어나는 흰 머리카락을 보는 것도 이제는 은근한 스트레스이기 때문이다. 또한 갈수록 희미해지는 기억력 때문에 출근 때는 늘 빠뜨린 건 없는지 몸 구석구석을 살피는 버릇도 생겼다.

평소와 다르게 아내가 아침부터 어깨를 축 늘어뜨리고 있길래 이유를 물었다. 그러자 자신도 이제 사십 중년에 접어들 날이 불과 며칠 남지 않았다며 기분이 절로 우울해진다는 것이다. 20대 중반, 한

◇ ◇ ◇

창 나이에 서둘러 결혼한 탓에, 곧바로 아이 둘 낳고 키우고 뒷바라지 하느라, 정작 자기 인생의 최고 황금기인 2,30대를 제대로 챙기지 못한 것이 두고두고 후회된다고 했다. 그런 처지에 또 마흔을 목전에 두고 있으니, 더더욱 자신의 삶이 허무하게만 느껴진다고도 했다. 아내의 삶을 누구보다도 잘 아는 나였기에 그에 대해선 일언반구조차 할 수 없었다.

노화에 대한 사람들의 예민한 반응은 나이 40세를 기점으로 가장 고조되는 것 같다. 특히 남자에 비해 여자가 갖는 충격감이 훨씬 더 크다는 사실을 아내를 통해서 제대로 느낄 수 있었다. 나이를 먹을수록 세월에 둔감해지는 게 사람이련만 실상은 아닌가 보다.

하지만 기쁜 소식도 하나 있다. 바로 의학의 눈부신 발전 덕택에 기대수명이 대폭 늘어나, 이제 본격적인 '수명 100세' 시대가 되었다는 사실이다. 현재 40대의 경우, 불의의 사고나 불치병만 피할 수 있다면, 100세까지는 거뜬히 살 수 있다고 한다. 또 일각에서는 수명 100세를 하루 24시간으로 환산해 좀 더 단순하게 표현하기도 한다. 가령 40세를 시간으로 환산하면 오전 9시 36분에 해당되며, 45세는 오전 10시 48분에 해당된다. 사십대의 경우, 삶의 딱 중간인 '정오 12시'까지는 아직도 적지 않은 시간이 남아 있기에 현재와 같이 '사십 중년'이라는 표현은 요즘 시대에 걸맞지 않는 셈이다. 이제는 사십 중년이 아닌, 오십 중년이라는 표현이 훨씬 더 현실적이라고 그들은 주장한다. 일견 맞는 말이다!

수명 100세 시대,
어떻게 살 것인가

솔직히 불과 십몇 년 전만 해도, 우리 인간의 평균 기대수명은 75세에 그쳤다. 그래서 당시 40대는 이미 삶의 중반을 한참 지나버린 상태였으므로 중늙은이 취급이 당연시 됐고 '마흔 중년'이라는 말도 그 당시까지만 해도 맞는 표현이었다. 하지만 최근 인간 기대수명이 대폭 늘어나 100세 시대를 맞이하면서, 상황이 바뀌었다. 이제 마흔 중년이라는 말은 시대에 걸맞지 않는 말이 돼 버렸다.

그런 대세를 의식한 덕분인지, 요즘 들어 '꽃중년' 또는 '미(美)중년'이라는 신조어가 생겨나, 기존의 중년과 차별화를 꾀하고 있다. 이들은 비록 신체나이는 사십대에 이르렀지만 그동안 철저한 자기관리 덕분에 실제 건강을 나타내는 '생체나이'는 여느 2,30대 못지않게 팔팔하다. 그만큼 그들은 나이와 상관없이 자기 건강과 외모에 대한 투자와 노력을 아끼지 않고, 자기연출에도 무척 적극적이라는 점에서 여느 사십대와는 사뭇 다르다.

그러나 그것만으로는 100세 시대를 앞둔 지금, 뭔가가 많이 부족하다는 느낌이 드는 건 왜일까?

나이가 들면 들수록 우리가 특히 더 주목해야 할 부분이 있다. 바로 우리 내면의 '품성 가꾸기'다. 여기서 '품성(品性)'이란 '품격'과 '성질'을 아울러 이르는 말로 사전에 나와 있다. 하지만 나는 그보다는 '후천적으로 훈련된 우리 자신의 성품인 성질과 품격'에 초점을 맞추고자 한다.

스페인의 작가 발타자르 그라시안은 이런 말을 했다.

"어리석은 사람은 밖으로 드러나 보이는 자신의 외모를 자랑하지만, 지혜로운 사람은 본성에 더욱 신경을 쓴다."

이 말에 비춰보면, 요즘 시대와 같이 나이나 젊음, 외모에만 사람들이 지나치게 집착하는 태도는 오히려 스스로의 어리석음을 나타내는 행동이 될 뿐이다. 게다가 동안열풍이니 성형미인이니 하는 시대적 트렌드도 우리 사회가 점점 더 우매한 쪽으로 가고 있다는 현실을 반영하게 된다. 하지만 인간에게는 절대 보이는 게 다가 될 수는 없다. 잘 드러나는 외모 못지않게, 잘 보이지 않는 내면의 품성도 그 이상으로 우리 인간에게 무척 필요하다. 세월의 흐름에 따라 바래지는 외모와 달리, 품성만큼은 오랜 삶의 경험과 지혜를 토대로 그 빛이 더해지도록 우리 스스로 노력해야 할 부분이다.

'나이가 들면 들수록 자기 스스로의 격과 질을 높일 수 있어야만 한다'는 말은 특히 사십대에 접어든 이들이라면 꼭 명심해야 할 대목이다. 내면의 품성이 높고 지혜로운 이들을 보면, 나부터도 그들에게 예를 갖추며 존경을 표하게 된다. 반면, 적지 않은 나이의 사람이 번드레한 외모와 달리 내면의 빛을 잃고 함부로 처신하는 것만큼 눈살을 찌푸리게 만드는 경우도 없다.

마흔 이후, 하루가 다르게 늘어나는 흰 머리카락과 갈수록 희미해지는 기억력, 허리를 둘러싼 배둘레햄(?) 등에 대한 집착은 모두 잊어버려라! 그 대신 다음의 명언을 앞으로 남은 삶의 실행 지침으로 삼아보라.

"모든 문제는 방안에 가만히 앉아 자신과 단 둘이 마주하지 않기 때문에 발생한다."

우리는 지금까지 자신만을 위한 시간 할애에 대해서 무척 인색했다. 타인의 시선과 관심에 따라 이리저리 기웃거리며 사는 데 훨씬 더 익숙했던 것이다. 늘 밖으로 향해서 발걸음을 옮기기 바빴지, 멈추어 서서 자기 내면을 제대로 응시할 줄 몰랐다.

이제부터라도 조급하고 바쁜 발걸음을 제대로 멈출 수 있어야 할 것이다. 그 대신 독서와 자기성찰, 명상 등을 통해서 자기 자신과 깊은 내면의 대화를 나눌 수 있는 기회를 의도적으로 많이 만들어보라! 이것이 바로 자신의 품격을 올리고 성질은 유순하게 하는 품성 가꾸기의 좋은 기회가 되어줄 것이다. 게다가 그런 실천을 통해서 우리는 번잡하고 분주한 일상뿐만 아니라 상전벽해 같은 세파에 크게 흔들리지 않고 자기 자신만을 위한 오솔길을 만들어갈 수 있다.

누군가는 말했다.

" '외로움'은 어쩔 수 없이 우리에게 주어지는 '수동적 시간'인 반면, '고독'은 우리 자신이 직접 나서서 택한 '능동적 시간'이라고…."

배움이란 당신이 이미 아는 것을
알아내는 것이다.
행함이란 당신이 그걸 알고 있음을
증명하는 것이다.
가르침이란 남들도 당신만큼 알고 있음을
상기시키는 것이다.
당신은 모두 배우는 자이며,
행하는 자이며,
가르치는 자이다.

— 리처드 바크

더 이상
비교하지
않는 삶

"남들은 벌써 은퇴해서 편안하게 잘살고 있는데, 난 왜 아직도 이렇게 돈벌이에만 매달려야 하는 걸까?"

"동기 K는 항상 직장상사의 칭찬과 인정을 받으며 승진도 빠른데, 나는 아직도 만년 과장에만 머물고 있으니 정말 미칠 지경이군!"

우리는 평소 무의식적으로 남들과 비교를 자주 하며 살아간다. 그들의 현재가 있기까지, 그 중간의 노력과 과정에 대해서는 아랑곳하지 않고, 오직 보이는 결과만으로 자신의 현재 모습과 비교하게 된다. 하지만 '비교'라는 잣대를 자신에게 들이대는 순간, 삶도 초라해지고 만다. 비교는 무척 해로운 습관이다. 비교를 하는 순간, 우리는 자신의 장점이 아닌, 단점에만 더 집중하게 됨으로써 남들의 화려한 모습만 부각시키려 하게 된다.

"세상 사람들의 95퍼센트는 열등감을 가지고 살고 있다."

미국 심리학자 맥스웰 몰츠 박사의 말대로 대부분의 사람들은 은 연중에 남들과 비교를 하면서 스스로 열등감에 시달리며 살아간다. 또 그로 인한 고통과 불행은 어쩔 수 없는 일이 돼버린다. 그렇다면 자기 자신에게 이렇게 해로운 비교행위를 사람들은 왜 하는 걸까?

물론, 다양한 개인적 이유가 있을 수 있다. 하지만, 나는 인간 내면에 깊이 숨어 있는 '완벽에의 욕구'와 '끝없는 욕심'을 그 원인으로 꼽고자 한다. 솔직히 인간만큼 100퍼센트 완벽을 추구하는 존재도 없는 것 같다. 인간은 결코 완벽해질 수 없는 존재다. 100퍼센트 완벽은 신의 영역이지, 결코 인간이 이룰 수 있는 영역이 아니다. 그렇기 때문에 사람들이 더더욱 완벽에 집착하는 아이러니한 모습을 보이는 것은 아닐까? 바로 이 과정에서 자신보다 더 나은 상태에 있는 이들을 의식하는, 즉 비교라는 부산물이 생겨나는 것이다.

많은 사람들이 비교를 하게 되는 두 번째 이유는 그들의 '욕심'에 기인한다. "남의 떡이 커 보인다"는 우리 속담처럼, 사람은 누구나 자신의 장점이라는 큰 떡이 아닌, 단점이라는 보잘 것 없는 떡에만 집중해 남들의 장점이라는 큰 떡과 비교하려 든다.

우리가 무심결에 하는 비교의 폐해는 무척 크다. 무엇보다도 비교 당하는 당사자의 열등감을 자극해 불만감만 고조시킨다. 게다가 자신의 삶의 질도 뚝 떨어뜨려, 스스로 불행에 성큼 다가가게 만든다. 남들이 가진 외형에만 집중하며 그 이면이나 속내를 보지 못하는 비교심리는 우리 인간에게 백해무익한 행동임에 틀림없다.

사람마다 생김새가 다 다르듯, 그가 가진 재능과 특성, 자질 등도 모두 다 다를 수밖에 없다. 신이 사람에게 생명을 부여할 때 그 사람 고유의 달란트도 따로 부여하기 때문이다. 그런 이유에서 사람이라는 존재는 더더욱 남들과 비교할 수 없는 독립적인 가치를 지닌 소중한 존재다. 하지만 비교라는 잣대를 들이대는 순간, 그때부터 자신도 어쩔 수 없이 남들과 똑같은 비교선상에 놓이게 된다.

남들과 비교하지 말고
예전의 나와 비교하기

어린 시절 경제적으로 어렵게 자란 탓에, 나는 늘 가난과 부모님에 대한 원망이 컸다. 이 원망들은 인생 초반의 콤플렉스로 굳어졌고 교우관계에까지 크게 영향을 미쳤다. 특히 나보다 가정 형편이 낮거나 유복한 이들을 만나면, 나는 늘 스스로 비참하다고 느껴야만 했다. 되도록 그런 부류와의 교우관계를 피하게 되었고, 이런 모습은 성인이 돼서도 크게 변하지 않았다. 남들 앞에 나를 당당하게 드러내 놓기를 꺼리게 되는 행동으로 이어졌다. 하지만 이후, 아버지의 갑작스런 죽음에 따른 충격에서 벗어나기 위해 시작한 독서를 통해서 나 자신을 좀 더 객관적이고 냉정하게 바라볼 수 있게 되었

◇◇◇

다. 그 결과 '나'라는 존재의 참가치를 제대로 알게 되면서 자존감도 부쩍 높아질 수 있었다.

"행복은 감사에서 오고 불행은 비교에서 온다"라는 말도 있다. 진정으로 행복해지기 위해선 무엇보다도 남들과 비교하는 습관부터 과감히 끊어야 한다. 삶의 초점을 남이 아닌, 나 자신에게로 되돌려놔야 한다. 행복은 내가 처해 있는 현재상태를 인정하는 데서부터 시작된다. 유복한 환경에서 자라난 사람일지라도 스스로의 욕심과 욕망의 부채질로 인해, 현실을 부정하기 시작하면 그때부터 인생이 불행의 쳇바퀴 속으로 내던져질 수밖에 없다.

미국 LA주 대법관출신 변호사, 존 크랠리는 자신의 책,《365일 땡큐》에서 감사의 기적에 대해 자세히 밝히고 있다.

어느 날 갑자기, 작가의 삶은 최악으로 치닫기 시작한다. 결혼생활은 이혼으로 귀결되고 자식들과의 관계도 소원해진다. 게다가 회사 동료들과의 관계도 적대적으로 변하는 등 인생은 최악으로 흘러간다. 그러나 그는 삶의 위기에 굴복하지 않고 오히려 지난 과거를 찬찬히 되짚어보는 계기로 삼는다. 자신에게 도움을 준 적이 있던 예전 인연들을 떠올려, 그들에게 일일이 감사편지를 보내기 시작한다. 감사가 또 다른 감사를 낳듯, 감사편지는 또 다른 감사편지로 이어지는 소위 감사편지의 선순환을 통해서 그는 마침내 삶의 위기로부터 벗어나, 최고의 행운으로 자신의 운명을 반전시키게 된다.

"300통의 감사편지 덕분에, 내가 끔찍한 것으로 바라보았던 삶을 점검하며 내 삶이 내가 인정하려 했던 것보다 훨씬 더 나은 삶이었다는 사실을 깨달았다."

"내게 그날 밤은 삶의 구렁텅이에서부터 빠져 나오는 터닝 포인트였다. 나는 내가 부러워했던 그 모든 사람들보다 나를 더 풍요롭게 만들어주는 어떤 특별한 것을 내 삶에서 알아보게 되었다."

이런 말을 통해 작가는 삶의 위기에 감사할 줄 아는 마음은 운명조차도 바꿀 수 있음을 강조한다.

우리는 얼마나 많은 비교의 덫에 갇혀서 나 스스로를 비교의 제물로 삼아왔던가? 관심의 초점은 늘 타인에게 가 있었지, 나 자신이 아니었다. 하지만 어떤 이도 희망만 가득한 삶, 한 치의 절망도 없는 삶을 살지는 않는다. 보통 우리네 인생에는 적당량의 희망과 적당량의 절망이 혼재돼 있다. 처음엔 무척 절망스러운 상황도 그 중간에 '감사'와 같은 긍정적 태도에 따라서 얼마든지 희망 가득한 삶으로 바뀔 수가 있다. 물론 그 반대도 가능하다.

굳이 감사는 이러이러해야 한다는 둥, 저런 것은 감사가 될 수 없다는 둥, 어떻게 절망 속에서 감사할 수 있겠느냐는 둥 감사에 대한 왜곡된 기준을 내세울 필요는 없다. 감사는 고정불변으로 정형화된 것이 아니라, 우리 내면에 있는 긍정적 시각이라는 상대적 입장에 달려 있기 때문이다.

당신이 현재 구사하고 있는 언어는 과연 어느 쪽인가 되돌아보라. 비교어인가, 감사어인가?

인간은 누구나 타인과 비교하려는 성향이 있다.
그리고 남이 가지고 있는 것을
자기가 얼마나 갖지 못했나를
열심히 찾으려고 한다.
이런 버릇에 빠지면 결국
자기 자신만 비참해지고
쓸데없는 에너지를 낭비할 뿐이다.

— 진구지 쇼의《그래도 한번 더 일어서라》중에서

021

근원적 변화냐
점진적 죽음이냐

평생을 우물 안에서만 살아온 개구리가 있다. 태어나 한번도 그곳을 떠나본 적이 없다. 먹이도 늘 충분했고 물도 풍부했기에 개구리가 안전하고 안정된 생활을 하는 데 안성맞춤이었다. 그러던 어느날, 문제가 생겼다. 우물 밑바닥에서 솟아나는 물이 갑자기 눈에 띄게 줄기 시작하더니, 급기야 완전 말라버리고 말았다. 평생토록 안전하고 안정된 생활을 보장해줄 것만 같았던 그곳 환경에 갑자기 위기가 닥친 것이다. 마냥 편안하게만 살아온 개구리는 전혀 예기치 못한 상황을 마주하면서 일생일대의 결단을 내려야 했다.

'계속 이곳에 남아 물이 다시 솟기를 기다릴 것인가, 아니면 우물 밖 세상으로 나가 새로운 보금자리를 찾을 것인가.'

지금까지 한 번도 이런 걱정을 한 적이 없었던 개구리는 난감하기

이를 데 없다.

나이 오십줄에 이르기까지 만년 과장 딱지를 떼지 못한 A씨. 10년 이상을 '과장'으로 머물러온 그는 어느 날 회사의 배려로 만년 과장에서 벗어날 수 있었다. 따라서 그의 정년도 몇 년 더 연장될 수 있었고 답답한 조직생활에도 갑자기 숨통이 트였다. 하지만 기쁨도 잠시, 수출에만 의존해온 회사가 대외 수출 물량이 갑자기 줄어들면서 자금 압박을 받기 시작했다. 어쩔 수 없이 회사는 직원들에 대해 대대적인 구조조정을 해야 했다. 그 와중에 막 만년 과장에서 벗어난 A씨도 결국 쫓겨나고 말았다. 승진의 기쁨이 채 가기도 전에, '퇴직'이라는 쓴 맛을 보게 된 그는 일생일대의 위기를 맞이했다. 당장의 생존을 위해서 어떤 결단을 내려야 했지만 그로선 어떻게 해야 할지 막막할 따름이다.

인생을 살다 보면 때로는 개구리나 A씨와 같이, 갑작스런 위기 상황으로 내몰리는 경우가 종종 있다. 지금까지 수동적으로 살아왔는데, 갑자기 스스로 능동적으로 선택하고 결단을 내려야 하는 시기가 찾아온 것이다.

편안한 우물 생활에만 익숙해져 우물 밖 사정에 대해선 전혀 알려고 하지 않았던 개구리나 오랜 세월 회사가 주는 월급만을 바라보면서 살아온 A씨와 같이, 대부분의 사람들은 눈앞의 현실에만 관심이 있을 뿐, 그 너머를 애써 외면한다. 하지만 삶의 어느 순간, 예상치 못한 절체절명의 위기가 갑자기 닥쳐오면 그것을 뛰어넘기 위해 선택하고 결단을 내려야 한다. 하지만 그런 주도적인 삶은 지금까지 그들이 취해온 삶의 방식이 아니다.

사람들은 대개 위험이 없는 안전과 함께 그 상황이 지속되는 안정을 동시에 원한다. 하지만 인생 자체가 예측이 불가한 전쟁터이므로, 신이 아닌 이상, 어느 누구도 삶의 변화와 변동을 정확히 예측할 수는 없다. 그 속에서 안전과 안정만을 바란다는 것은 말 그대로 어불성설이다.

진정한 삶에 대한 진지한 고찰

마흔을 지나면서 직장생활의 끝을 더 자주 의식하게 된다. '과연 내가 언제까지 이곳에 머물 수 있을까?'라는 생각이 머릿속을 꽉 채운다. 우리가 속해 있는 회사는 어떨까? 회사는 시간이 흐를수록 숱한 경영변수와 변화들에 휩싸인다. 과거 10년 전과 비교해볼 때, 앞으로의 10년은 훨씬 더 종잡을 수 없고 예측 불가한 외부 변수들이 더 늘어날 거라는 것은 자명한 사실이다. 이런 상황에서 안전과 안정만을 바라는 태도는 그야말로 서 있는 곳에서 꼼짝없이 죽음을 기다리는 행위와 크게 다르지 않다.

서서히 물이 데워지고 있는 냄비속 개구리가 천천히 죽어가는 걸

'점진적 죽음'이라고 한다. 반대로 펄펄 끓는 물에 던져진 개구리는 곧바로 뛰쳐나와 목숨을 건지는데, 이는 '근원적 변화'다. 갈수록 변화의 물결이 드세지는 세상 속에서 안전과 안정만을 바라는 것은 점진적 죽음과 크게 다르지 않다.

로버트 E. 퀸의 《DEEP CHANGE OR SLOW DEATH》라는 책이 있다. 우리말로 '근원적 변화 아니면 점진적 죽음'으로 해석된다. 줄거리는 대략 이렇다.

1980년대 초, 미국 내에는 일본 자동차가 넘쳐나고 집집마다 일제 가전제품이 판을 친다. 미국의 자존심이었던 록펠러 빌딩을 비롯하여 주요도시의 빌딩과 땅, 미술품, 회사 등이 순식간에 일본인들 손에 넘어간다. 한순간 미국의 자존심은 크게 무너진다. 그때부터 미국민들도 심기일전해 일본에 대해 철저히 연구하고 기업 내부적으로도 과감하고 뼈아픈 경영혁신을 달성함으로써 마침내 일본과의 경쟁력을 확보하게 된다. 그후, 미국도 역사상 유례없는 호황을 구가하게 된다는 것이 이 책의 내용이다.

이 책은 주로 기업혁신에 관해서 이야기하고 있지만, 단순히 기업의 경영혁신만을 강조하고 있는 것은 결코 아니다. 기업뿐만 아니라, 개인의 삶에도 똑같은 교훈을 전하고 있다. 변화무쌍한 세상 속에서 개개인들이 살아남기 위해서는 점진적 죽음이 아닌, 근원적 변화를 추구할 것을 말이다.

그렇다면 개인의 입장에서, 근원적 변화란 과연 무엇인가?

무엇보다도 자기 인생의 모든 일에 대해서 좀 더 적극적이고 능동적으로 대처하는 동시에 창의적 자세를 꾸준히 견지할 것을 뜻하지 않을까?

어려운 상황이 닥치면 대부분의 사람들이 그에 맞서기보다 우선 피하고 비껴가려는 태도를 취한다. 훨씬 더 쉽고 편하기 때문이다. 하지만 이러한 수동적인 태도로는 골칫거리들로부터 잠시잠깐 벗어날 수는 있지만 종국에는 더 깊은 좌절로 이어지게 될 뿐이다. 문제를 피한다는 것은 스스로의 문제해결력을 높이며 고난과 역경을 극복하는 능력계발의 기회를 영원히 놓치게 되는 것과 같은 뜻이다. 다시 말해 스스로가 점진적 죽음(Slow Death)을 향해 서서히 걸어가고 있는 것과 같은 모양새가 된다.

반면, 근원적 변화를 추구하는 이들은 전혀 다른 입장을 보인다. 일단 어려운 상황이 닥치면, 그들은 훨씬 더 적극적이고 창의적으로 대응한다. 위기를 기회로 삼는 진취적인 태도를 보임으로써 그들 스스로가 근원적 변화(Deep Change)를 이끌어내, 그 전보다도 훨씬 더 높은 경쟁력을 확보함으로써 최후의 승자가 되는 것이다.

그런 뜻에서 "뿌리까지 바꾸어라. 그렇지 않으면 서서히 죽어갈 것이다(Deep Change or Slow Death)"라고 주장하는 저자의 말은 예사롭지 않은 울림으로 우리에게 다가온다.

신이 우리 인간에게 생명을 부여한 까닭은 무엇일까?

물론 그에 대해 다양한 대답들이 가능할 것이다. 하지만 나는 무엇보다도 인간 개개인이 이 세상에 어떤 가치와 의미를 보태기 위해서 여기에 온 것이라는 생각을 종종 한다. 그런 측면에서 우리는 삶의 어떤 상황에 처하더라도 안전과 안정만을 추구해서는 결코 안 된다. 오히려 나 스스로 조변석개하는 세상일에 직접 부딪치면서 좀 더 적극적으로 나설 필요가 있다. 우리 삶은 개척의 대상이지, 결코 안주하거나 수용의 대상이 돼서는 안 된다.

내가 인생을 좀 더 주도적으로, 적극적으로 살면 살수록 우리 인생의 가치와 의미도 그만큼 더해질 수 있다.

삶의 진정한 비극은
충분한 강점을 갖지 못하는 데에 있는 것이 아니라,
이미 갖고 있는 강점을 충분히 활용하지 못하는 데에 있다.

벤저민 프랭클린의 이 말은 내가 전하고자 하는 뜻과 일맥상통한다고 볼 수 있다.

어차피 우리 인생은 변화의 연속이다. 그 속에서 변화는 바로 삶이요, 안주는 죽음과 다름 아니다. 그런 자명한 진리를 우리는 명심해야만 한다. 죽기를 각오하면 살 것이요, 피하고자 한다면 죽을 수밖에 없는 운명이 된다는 것은 우리 인생에도 마찬가지로 적용되는 법칙이다. 그렇다면 당신은 앞으로의 마흔 생을 어떤 자세로 살아가고자 하는가?

근원적 변화를 꿈꾸며 진정한 삶을 살 것인가, 아니면 안전과 안정만을 좇다가 서서히 죽어가는 점진적 죽음을 택할 것인가?

◇◇◇

사람들이 꿈을 이루지 못하는
한 가지 이유는
그들이 생각을 바꾸지 않고
결과를 바꾸고 싶어 하기 때문이다.

— 존 맥스웰

022

내 삶의 질을 좌우하는 생체나이

요즘 들어 생체나이에 대한 관심이 부쩍 높아지고 있다. 여기서 '생체나이(Bio-age)'란 태어날 때부터 계산하는 역연령(曆年齡), 즉 달력나이와 달리, 우리 몸의 건강상태와 노화정도를 종합적으로 판단한 나이를 뜻하는데, 실제 건강상태를 알아볼 때 주로 사용한다.

예를 들면, 두 사람이 같은 나이에 해당되더라도 양쪽의 실제 건강나이인 생체나이가 같다고는 할 수 없다. 십중팔구 어느 한 쪽의 생체나이가 다른 쪽보다 좀 더 젊게 나올 소지가 크다. 이렇게 실제 건강상태를 정확하게 파악하기 위해서 우리는 달력나이가 아닌 생체나이를 사용하게 된다.

흔히 사람의 몸은 30세를 정점으로 본격적인 노화 단계로 접어든다고 한다. 하지만 이마저도 뚜렷한 개인차가 있다. 평소 건강관리

◇◇◇

에 신경을 쓴 사람은 그렇지 않은 이들에 비해 노화가 좀 더 늦춰질 가능성이 높다. 이때 노화의 정도는 일상적인 생활습관, 즉 식습관, 운동습관, 음주습관, 수면습관, 흡연습관 등에 의해 크게 좌우된다.

미국 뉴욕주립대 의대학장인 마이클 로젠 교수가 펴낸 책《당신은 몇 살입니까(생체나이 고치기, The Real Age Makeover)》에는 자신의 실제 달력나이보다 젊게 사는 78가지 방법들을 제시하고 있다.

예를 들면, 매일 습관적으로 치실 질을 하는 사람은 그렇지 않은 사람보다 생체나이가 평균 6.4세 더 젊었고, 습관적으로 웃는 사람은 그렇지 않은 사람보다 생체나이가 3년이나 더 젊게 나왔다. 반면 금전문제를 겪는 사람은 그런 고민이 없는 사람에 비해 오히려 생체나이가 8년 더 늙게 나왔고, 하루 평균 석 잔 이상 커피를 마시는 사람도 그렇지 않은 사람에 비해 생체나이가 3년 더 많았다. 실제 건강과 직결되는 생체나이를 젊게 유지하기 위해선 평소 생활습관부터 바르게 고칠 필요가 있다고 로젠 교수는 강조한다.

얼마 전, 인도의 90대 노인이 '세계 최고령 아버지'로 등극하면서 기네스북에 올랐다. 주인공은 올해 96세의 라마리트 라그하브 씨다. 이미 2년 전인 94세 때 첫 아들을 낳아 같은 타이틀을 차지한 바 있는 그는, 이번에 또 96세의 나이에 둘째 아들을 낳음으로써 다시 한번 화제를 불러일으켰다.

인도 북부의 하리아나 주에 사는 그는 평소 아몬드와 버터, 우유 등을 하루도 거르지 않고 챙겨 먹는 등 자신의 건강을 지키기 위해

많은 노력을 기울이고 있었다. 고령의 나이에도 불구하고 아이를 낳을 수 있는 비법을 묻는 기자의 질문에, 그는 자신의 아내를 특히 더 사랑하며 자신이 할 수 있는 모든 것을 열정적으로 하는 '적극적 태도'를 그 비결로 꼽았다.

위 사례를 고려해보면, 달력나이를 조절하는 것은 절대 불가능할지 모르나 생체나이만큼은 개개인의 노력을 통해서 어느 정도까지 늦출 수 있음을 알게 된다. 그럼에도 불구하고 우리 주변을 보면, 조절 가능한 생체나이가 아닌, 조절 불가한 역연령만을 의식하며 사는 이들이 꽤 많다. 특히 마흔을 넘어서면 대부분 나이나 건강이라는 말만 나와도 지레 몸을 움츠리며 자신 없어 한다.

당신의 습관은
건강하십니까?

내가 20년 가까이 모셔온 합기도 사부님은 올해 87세로, 50년 이상을 합기도 무술에만 전념해온 덕분에, 생체나이와 달력나이 사이에 격차가 크게 난다. 외모나 걸음걸이, 목소리만 보면, 영락없이 60대로 착각할 정도로 그 분은 자기관리를 철저히 한다. 얼마 전, 그 분의 이야기를 듣고 배꼽을 크게 잡은 적이 있다.

하루는 사부님이 중학생 손자 학교 운동회에 아들 부부를 대신해 참석했다. 그날따라 운동회 일정 중에 '학부형 100m 달리기'가 예정돼 있었다. 아들 내외를 대신해 참석한 사부님은 당신이 아니면 집안을 대표해 그 경기에 참가할 수가 없는 처지였다. 누가 보더라도 팔십 노인에게 절대 불리한 게임이었지만 결과는 예상 밖이었다.

학부형 6명이 뛰는 경주에서 87세의 노인이 당당히 1등으로 들어왔던 것이다. 그 광경을 지켜본 많은 이들도 무척 놀랐다고 한다. 그 이야기를 사부님으로부터 직접 전해 들으면서 나는 다시 한번 생체나이의 중요성을 환기시킬 수 있었다.

올해 초에 발표된 뉴스는 우리 국민들의 건강실태를 여실히 보여주고 있다.

대한노화관리의학회와 생체나이 전문기관인 메디에이지 연구소가 전국 성인 20만 명을 상대로 조사한 결과가 발표됐다. 그에 따르면, 우리 국민들의 생체나이가 10년 전에 비해 평균 0.5세 높은 것으로 나타났다.

성별로 보면 남성은 0.6세, 여성은 0.4세가 늘었다. 또 연령별로는 20대의 경우 1세, 30대는 0.7세, 40대는 0.6세가 늘어난 데 비해, 50대와 60대는 모두 0.1세만 늘었다. 즉 나이든 사람보다 젊은 사람의 생체나이가 10년 전에 비해 상대적으로 더 많이 늘어났음을 잘 알 수 있다. 이는 곧 젊은 세대일수록 평소 자기습관관리에 많은 허점을 보이고 있다는 말로 풀이할 수 있다.

메디에이지 연구소 강영곤 소장은 "생체나이는 우리 몸의 건강상태와 노화상태를 가장 명확하게 보여줄 수 있는 지표로써, 이번 연구결과로 우리국민들의 건강상태가 10년 전에 비해 나쁘고 노화속도도 빨라지고 있다는 결론을 얻게 되었다"며 국민 모두의 건강에 대해서 우려를 표했다.

잦은 음주와 흡연을 하는 이들의 경우, 그렇지 않은 사람들보다 생체나이가 달력나이보다 더 많아지는 것은 당연하다. 그만큼 자신들의 실제 건강상태에 크게 영향을 끼치는 절제력이 부족했음을 나타낸다. 만약 그들이 평소 자신의 생체나이의 속도를 늦추기 위해 좀 더 금욕적이고 절제된 생활을 했더라면, 실제 건강상태도 지금보다 훨씬 더 개선될 수 있었을 것이다.

하지만 무척 답답하게도, 많은 사람들이 자신의 습관은 돌아보지 않은 채 막연히 나이 탓, 세월 탓만 하면서 자기건강에 대해 무심하게 대응하고 있다. 특히 마흔이 넘으면, 대부분 자기 건강에 대해 특히 더 많은 신경을 쏟는다. 그만큼 건강에 대한 자신감이 대폭 줄어들었다는 말로 풀이할 수 있다. 그럼에도 불구하고 대부분은 막연히 건강해지고 싶다는 바람만 가질 뿐, 자신이 직접 행동으로 실천하는 경우는 매우 드물다.

그런 면에서 "건강한 육체는 영혼의 객실이요, 병약한 육체는 그 감방이다"라는 극작가 오스카 와일드의 명언은 우리에게 실제 건강인 생체나이의 중요성을 다시 한번 일깨워준다.

◇◇◇

늘그막에 생기는 질병은 모두
젊었을 때 불러들인 것이고,
쇠한 뒤에 생기는 재앙은 모두
성했을 때 지어놓은 것이니라.
군자는 그런 까닭에
가장 성했을 동안에
미리 조심해야 하느니라.

—《채근담》

023

고난과 역경마저도 즐길 줄 아는 회복탄력성

'회복탄력성(resilence)'이라는 말이 있다. 김주환 작가의 책《회복탄력성》이 나오면서 본격적으로 회자된 용어인데, 위기나 역경을 극복하고 행복이나 긍정적인 상태로 돌아가는 인지능력, 즉 역경을 이겨내는 긍정적인 힘을 뜻하기도 하고, 인생의 밑바닥을 치고 올라올 수 있는 힘 또는 밑바닥까지 떨어져도 꿋꿋하게 튀어오르는 능력으로 해석되기도 한다. 한마디로 '역경을 극복해내는 인내력'으로 풀이할 수 있다.

누구나 고난이나 시련을 겪게 마련이다. 하지만 그런 달갑지 못한 삶의 방문객을 대할 때의 반응은 제각기 다르다. 힘들더라도 수용하고 극복하려고 하는 이가 있는가 하면, 무조건 거부하거나 부정하면서 피하려고 하는 이들도 있다. 물론 누가 옳고 누가 그르다

◇◇◇

고 딱 잘라 말할 수는 없지만 고난과 시련에 대한 스스로의 면역력을 키운다는 관점에서 보면, 전자와 같이 고통을 껴안고 극복하려는 적극적인 태도가 훨씬 더 바람직함은 분명하다.

이 세상에 경험하는 많은 사건들 자체가 배움의 장이 될 수 있다. 간단한 젓가락질에서부터 인생을 사는 중요한 문제까지 우리 인간은 모든 일에서 연습과 훈련의 과정을 거치게 된다. 하지만 처음에는 대부분 서툴고 잦은 실수를 반복한다. 그러다가 어느 정도 시행착오를 거친 뒤로는 능숙하게 된다. 이는 회복탄력성을 기르는 데도 마찬가지다. 그 자체가 많은 위기나 역경을 거치면 거칠수록 쌓여가는 능력이기 때문이다. 문제에 대범하게 맞서는 용기와 그를 이겨내는 꿋꿋함이 바로 회복탄력성을 기르는 효과적인 방법이다.

인간은 흔히 망각의 동물이라고들 한다. 어떤 일을 경험한 뒤 돌아서면 쉽게 잊어버리는 인간 특유의 모습을 두고 하는 말이다. 이런 인간의 특성이 유리하게 작용하는 때가 있다. 바로 삶의 역경이나 위기를 경험하고 나서다. 일단 경험하고 극복해냈기 때문에 위기 당시의 기억은 대폭 반감되면서 좀 더 좋은 쪽으로 기억이 바뀌게 된다. 우리는 역경에 대해 좀 더 긍정적으로 대할 필요가 있다.

고난이나 역경이 닥칠 때 우리가 느끼는 감정도 어떤 면에서 보면 우리가 선택한 것이다. 긍정적인 감정을 택할 것인가 부정적인 감정을 택할 것인가를 두고 무의식적으로 선택한 것이다. 비록 달갑지 못한 상황에 처하더라도 스스로 되도록 좀 더 밝고 긍정적인 감정을 택하기 위해 의식적으로 노력해야 한다. 그런 노력을 통해서 우리는 고통으로부터 진정 자유로워질 수 있다.

"사는 게 힘들다고 말한다고 해서 내가 행복하지 않다는 뜻은 아닙니다. 내가 지금 행복하다고 말한다고 해서 나에게 고통이 없다고 하는 뜻은 정말 아닙니다."

이해인 수녀님의 시《행복의 얼굴》에 나오는 내용이다. 이 말처럼, 행복은 고통이 전혀 없는 삶의 상태를 말하는 것은 아니다. 오히려 고통에도 불구하고 우리 자신에게 좀 더 유익한 감정인 감사나 사랑, 자족 등과 같이 긍정적인 감정을 택한 결과라고 볼 수 있다.

행복을 끌어당기는 긍정의 힘

세상 어떤 사람도 자신의 뜻과 의도에 딱 맞는 완벽한 삶을 살지는 못한다. 오히려 자신의 의도와 무척 동떨어진 삶을 살 가능성이 훨씬 높다. 그렇기 때문에 인생 자체가 더 버겁고 무겁게 느껴질 때가 상대적으로 많아지기도 한다. 하지만 회복탄력성이 높은 이들은 그런 현실에도 결코 낙담하거나 의기소침해 하지 않는다. 오히려 자기 내면의 높은 긍정성을 바탕으로 좀 더 유익한 쪽으로 해석하게 된다. 이와 관련한 사례 하나를 들어보기로 한다.

하루 온종일 비가 내린 뒤, 맑게 개었다. 수도사 두 명이 똑같은 창문을 통해 바깥을 내다보고 있었다. 먼저 한 수도사가 외쳤다.

"나 참, 왜 이렇게 더러운 거야!"

하지만 바로 옆 수도사의 반응은 전혀 달랐다.

"우와, 어떻게 저렇게 맑고 아름다울 수가 있는 거지!"

그러자 옆에서 그 둘을 쭉 지켜보고 있던 또 다른 수도사가 첫 번째 수도사에게 물었다.

"당신은 무엇 때문에 '더럽다'고 불평을 하고 있는 겁니까?"

그는 이렇게 대답했다.

"하루 온종일 내린 비로 인해 엉망진창이 된 땅이 너무나 더럽고 지저분했기 때문에 그렇게 말했을 뿐입니다!"

두 번째 수도사에게도 똑같은 질문을 던졌다.

그는 이렇게 대답했다.

"저는 많은 비가 내린 뒤, 모처럼 맑게 갠 하늘이 무척 청명하고 아름답다는 생각에 그렇게 표현했습니다!"

이와 같이 우리 인간은 똑같은 상황이라도 그에 대한 인식과 반응이 제각기 다르다. 이는 위기나 역경에 대처하는 태도에서도 마찬가지다. 내면의 회복탄력성이 높고 낮음에 따라서 우리 인생의 행복과 불행이 결정되는 것이다.

위기나 역경의 순간에 회복탄력성이 낮은 사람은 부정적 감정을 자주 드러낸다. 이는 곧, 뜨거운 불에 기름을 들이붓듯 자신이 처해 있는 상황을 더더욱 악화시킬 뿐이다. 반면, 회복탄력성이 높은 사람은 똑같은 상황 속에서도 오히려 자신에게 좋고 유익한 감정을 선택해, 고통은 낮추고 행복감은 키우게 된다.

삶의 숱한 고난과 역경에도 불구하고 우리 내면의 높은 회복탄력성은 우리가 진정한 행복을 누리는 데 없어서는 안 되는 필수자질이다. 그런 측면에서 볼 때, "고통만이 인간을 성숙시킨다"는 철학자 프리드리히 니체의 말은 우리 인간이 고통과 역경을 대할 때 가져야 할 마음가짐을 잘 전하고 있다.

"전례가 없을 만큼 어려운 시대라도 시각을 바꿔서 피가 끓고 심장이 고동치는 재미있는 시대를 살고 있다고 생각해보자. 그런 기쁨이 있다면 이 세상이라는 무대에서 각자 인생의 주인공이 되어 삶을 꿋꿋이 헤쳐 나갈 수 있다"라고 한 마스시타 고노스케의 말 역시 우리 스스로가 삶이 주는 고통과 역경을 즐기며 헤쳐 나갈 것을 주문하고 있다.

고난과 역경을 극복하는 회복탄력성은 마흔 이후 우리의 행복한 삶을 위해서 없어서는 안 되는 필수자질임에 틀림없다.

어떤 일도 견딜 수 있는 사람은
어떤 일도 끝까지 실천할 수 있는 사람이다.
인내는 희망을 자아내는 기술이다.

― 보브나르그

024

고통의 텃밭에 행복의 씨앗을 뿌려라

'행복'을 '행복학(學)'이라는 학문으로 격상시킨 탈벤 샤하르 박사는 "내일의 성취를 위해 오늘의 행복을 포기하지 말라"는 말로써 현재의 행복을 강조한다. 그의 책 《해피어: 하버드대 행복학 강의》는 출간되자마자, 아마존 베스트셀러와 뉴욕타임스 베스트셀러에 오르며 화제를 낳았다. 그만큼 행복에 대한 사람들의 열망이 높다는 사실을 방증하고 있다. 그런데 왜 현실에서는 자신이 불행하다고 불평을 늘어놓는 사람들이 그리도 많은 걸까?

누구나 행복을 바라지, 불행을 바라지는 않는다. 당연히 행복은 우리 모두가 원하는 궁극적인 목표이자 바람이다. 그러나 그런 행복이 저절로 찾아오는 것은 결코 아니다. 우리가 그토록 바라는 행복은 평소 우리가 노력하고 훈련한 결과물이다.

◇◇◇

내가 모시고 있는 합기도 사부님은 87세로, 50여 년을 합기도 한 길에 투신해 오셨고 외모도 연세에 비해 훨씬 동안(?)임을 앞서도 전한 바 있다. 한 가지 더 덧붙이자면 사부님은 무척 긍정적이다. 특히나 웃음소리가 어찌나 호탕한지, 작은 체구에서 나오는 소리는 마치 천둥소리 같다. 듣는 이의 십 년 체증을 한 방에 날릴 정도로 시원하다. 웃음소리에서조차 깊은 내공이 느껴진다. 그런 긍정적 태도 때문인지 나는 여태껏 그 분이 그리 화를 내거나 짜증을 내는 걸 단 한 번도 본 적이 없다. 그만큼 당신 스스로의 감정조절이 능수능란할 뿐만 아니라, 세상을 무척 밝고 긍정적으로 살고 계시다는 증거다. 하지만 그런 사부님에게도 지난 과거 우여곡절이 참 많았다. 그에 대해 대강 밝히면 다음과 같다.

약 10년 전, 당신의 맏아들이 중병에 걸려 먼저 세상을 떴다. 30여 년 동안 열정과 혼신을 다 바쳐 운영해온 사업체를 거래처 부도 한 방에 한꺼번에 몽땅 날리기도 했다. 게다가 최근엔 국내 합기도 발전을 위해 반평생 동안 함께 의기투합해온 후배의 악의적인 음해와 배신으로 인해 당신 혼자서 온갖 수모와 고초를 당해야만 했다.

하지만 그런 모진 시련 속에서도 사부님은 고통을 기꺼이 감수하셨고 한순간도 특유의 긍정적인 태도를 잃지 않았다. 그런 사부님을 바로 옆에서 지켜봐온 나는 모진 시련 앞에서도 의연하게 대응하는 그 분의 무한긍정이 놀라울 따름이다.

삶의 고난과 역경과는 별개로, '내면의 긍정성'은 얼마든지 훈련을 통해서 쌓을 수 있다. 또 그에 따르는 '행복' 역시도 우리 스스로 노력하고 훈련해서 연마할 수 있는 기술이다. '긍정 능력'과 '행복 능력'은 우리가 후천적으로 터득할 수 있는 자질이다.

나의 이런 주장에 대해 뜻을 같이 하는 역사적 인물이 있다.

바로 미국의 위대한 대통령, 에이브러햄 링컨이다. 그는 "사람은 행복하기로 마음먹은 만큼 행복하다"라는 간단한 말로써 행복은 스스로 노력하고 훈련한 산물임을 강조하고 있다. 하지만 여전히 많은 사람들이 행복을 자기 자신에게 주어진 여건과 환경의 결과물 이라고 생각한다. 그런 이들에게 여건이나 환경은 자신이 직접 넘어야 할 산이 아닌, 수용하고 체념해야 할 대상으로 밖에 인식되지 않는다. 만약 그런 입장이라면, 인간이 행복해지기 위해 기울이는 일체의 노력은 그야말로 무의미한 것이 되고 만다.

"모든 행복한 사람들은 그들만의 비슷한 이유를 가지지만, 불행한 이들은 제각기 다른 이유로 불행하다"라는 말이 있다. 행복한 이들은 늘 자신의 시선을 내면에 두는 반면, 불행한 이들은 항상 시선을 외부의 다양한 것들에 둔다. 그런 탓에 후자는 습관적으로 남들과 자신을 비교한다. 개중에서도 특히 개개인의 불행을 자초하는 몇 가지 원인들을 살펴보면 다음과 같다.

첫째, '물질적 성취 = 행복'이라는 생각에 지나치게 몰입하는 경우다. 이런 유형의 사람들은 물질적 성취가 곧 행복이라는 왜곡된 진실에 사로잡혀, 자기 자신의 현재 행복을 희생시킨다. '어떻게 존

◇◇◇

재할 것인가'가 아닌, '얼마나 더 많이 가지느냐'라는 소유의 관점으로 세상을 바라보며 늘 공허감과 삶의 불행을 예감한다.

둘째, 삶의 모든 것을 허무주의적 관점에서 어둡고 비관적으로 보는 경우다. 여기에 해당되는 이들은 삶의 희망은 외면한 채, 어둡고 부정적인 측면에만 골몰한다. 그래서 인생의 매 순간을 있는 그대로 보지 못하고 늘 어둡고 비관적으로 해석한다. 이런 유형의 사람들에게 '행복은 노력의 결과'라는 말은 터무니없는 말로 들린다.

셋째, 자신의 순간적인 즐거움만을 위해 쾌락을 추구하는 유형이다. 이들은 늘 감각적 즐거움만 탐닉하며 오감을 자극하는 찰나적인 감정에 지나치게 집착한다. 삶의 진정한 가치와 의미를 찾기보다는 1차원적인 쾌락에만 골몰하다, 결국 파멸의 길로 빠져든다. 마약중독, 도박중독, 쇼핑중독, 알코올 중독, 게임중독 등 다양한 중독에 빠져 헤어 나오지 못하는 이들이 이 유형에 속한다.

별들은 항상 우리 가까이에서 아름답게 빛나고 있다

자칫해서 잘못된 삶의 방식에 깊이 빠져 불행의 늪에서 헤어 나오지 못하는 이들이 우리 주변에 의외로 많다. 하지만 이들 대부분은 자신의 불행이 시선을 자기 내부가 아닌 외부에만 둔 데서 비롯되었다는 사실조차 제대로 인지 못하고 있는 실정이다.

"밤의 어둠이 하늘의 빛을 나타내듯이 고뇌만이 인생의 모든 의미를 계시한다. 고통을 통해서 인생은 참다운 빛을 낼 수 있다는 사실을 명심하라."

레프 톨스토이의 말이다. '행복의 빛'은 우리에게 주어진 상황이나 환경에서 비롯되는 것이 아니라, 스스로 노력하고 훈련해야 비로소 발견할 수 있다는 사실이다.

박태현 씨의 책《따뜻한 변화 에너지: 소통》에도 이와 비슷한 내용이 나온다.

"별들은 항상 우리 가까이에서 아름답게 빛나고 있는데, 고개를 들어 눈으로 보지 않으면 있는지조차 모를 때가 참 많다."

'행복의 빛'은 우리가 눈을 크게 뜨고 고개를 바짝 들어 찾고자 할 때 비로소 발견할 수 있는 것이다. 그럼에도 불구하고 노력과 의지 부족으로 인해 일순간 놓칠 수밖에 없었던 행복의 빛들이 그 동안 얼마나 많았는가?

그런 의미에서 "행복은 다음에 이루어야 할 목표가 아니라, 지금 여기 존재하는 것입니다. 또 행복은 찾아오는 것이 아니라 바로 내 안에서 우러나오고 꽃향기처럼 은은하게 스며나옵니다. 남과 비교하지 말 것, 움켜잡기보다는 쓰다듬을 것, 오래된 것을 아름답게 여길 것, 가끔 기도할 것"이라고 밝힌 법정스님의 '행복론'은 내가 주장하는 바와도 일치한다.

비관주의는 기분의 산물이고,
낙관주의는 의지의 산물이다.

— 알랭

025

인상이
풀리면
인생도 풀린다

불과 몇 년 전까지만 해도, 나는 처음 만나는 사람들로부터 잦은 오해를 샀다. 부리부리하고 날카로운 눈매 때문에 인상이 좋지 않다는 평을 종종 받았다. 게다가 투박한 경상도 말투는 그런 내 인상을 더 강화시켰다.

내 의도와 다르게 이미지가 자꾸 왜곡되다 되니, 인상을 바꾸기 위해 노력해야겠다는 생각이 들었다. 틈만 나면 거울을 보며 표정 연습을 했고, 말투도 좀 더 상냥하게 바꾸려고 의식적으로 노력했다. 하지만 이런저런 내 노력에도 불구하고 다시 예전의 표정이며 말투로 원위치되고 있다는 느낌에 스스로 지쳐가고 있었다.

하루는, 신문을 보다가 기사 하나가 눈에 띄었다. 한눈에도 무척 온화하고 인자한 인상의 60대 버스 기사의 사연이었다. 어렵고 힘든 이웃을 위해 봉사활동에 열중해온 그가 하루도 빠짐없이 하는 일이 있었다. 바로 '고전책읽기'인데, 20년 동안 꾸준히 해왔다고 한다. 중국의 사서삼경에서부터 우리나라 고전에 이르기까지, 오랜 세월 고전공부를 하다 보니 정신 수양에도 적지 않은 도움이 됐다고 한다. 그 과정에서 마음도 한결 평온해졌고, 화를 내거나 인상을 찡그리는 횟수도 많이 줄었다고 한다. 게다가 인간관계도 더 돈독해지는 등 마치 인생을 새롭게 살고 있는 것만 같다는 것이다.

하지만 그런 그도 고전을 읽기 전에는 사는 게 무척 힘들었다. 오랜 기사생활로 인해 체력은 이미 바닥난 데다, 직업적 스트레스도 이만저만이 아니었다. 게다가 타 업종으로의 직업 전환도 여의치 않은 상황이었기에, 인생에 대한 회의감도 무척 컸다.

그런 와중에 우연히 고전을 읽게 되면서 세상과 인간에 대한 나름의 통찰과 지혜를 깨칠 수 있었고 내면도 충만해진 것이다. 그 결과 인상은 물론 인생도 점점 더 잘 풀리는 것만 같다고 말했다.

사연을 읽는 내내 나는 무언가에 크게 한 방 맞은 기분이었다. 왜냐하면 내 얼굴 인상을 바꾼답시고 나는 그동안 내면이 아닌, 표정과 눈빛 등 겉모습의 변화에만 치중해왔기 때문이다. 정작 중요한 '내면'을 바꿔야겠다는 생각은 하지 못한 채 헛된 노력을 했던 것이다. 그리고 그후 아버지의 죽음으로 인해 생겨난 깊은 절망과 우울을 극복하기 위해 시작한 독서는 세상과 인간에 대한 내 나름의 지혜와 통찰을 깨칠 수 있도록 도와주었다. 당시 내가 심취했던 분야는 고전, 인간마음, 생각, 심리, 자기계발 등이 주류를 이룬다. 정신 없이 흘러가는 일상에도 불구하고 틈틈이 책을 읽음으로써 내 생각과 의식도 바뀔 수 있었고 타인에 대한 관심과 공감능력도 커질 수 있었다.

"인상이 무척 밝아졌는걸!"

"왠지 모르게 눈빛이 부드러워진 것 같아!"

나에 대한 사람들의 시각과 평가가 서서히 변하기 시작했다.

"우리의 눈은 마음이 이해할 준비가 되어 있는 것만 본다"는 프랑스 철학자 앙리 베르그송의 말대로, 사람은 누구나 자신의 '마음'과 '생각'이라는 내면의 창을 통해서 세상을 바라보게 된다. 그러므로 표정, 눈빛, 말투 등을 바꾸기 위해선 우선 자신의 내면부터 바꿀 수 있어야 한다. 하지만 내면을 바꾼다는 게 말이 쉽지, 현실적으로 그리 녹록한 일이 아니다. 내면의 변화를 위해선 무엇보다도 내가 지금껏 굳게 지켜온 아성을 무너뜨려야 하기 때문이다.

그런 자기혁신을 거친 뒤에야 비로소 우리는 지금까지 단단히 자리 잡고 있던 내면의 틀을 허물 수가 있다.

인상에 따라
운명도 바뀐다

얼굴 인상은 인덕과도 깊은 연관이 있다. 이를 잘 나타내는 고사 성어가 있다. 즉 '화향백리 주향천리 인향만리 (花香白里 酒香千里 人香 萬里)'라는 말이다. 꽃의 향기는 백 리 가고, 술 향기는 천 리 가며, 사람의 향기는 만 리를 간다는 뜻을 담고 있다. 세상천지와 사람들에게 가장 넓고 크게 영향을 미치는 것이 곧 '인간의 향기'를 뜻하는 인덕(人德)임을 강조하는 말이다.

타인을 배려하는 어진 마음씨인 인덕이 커질수록 우리 인상도 한결 더 부드럽게 전해짐은 물론, 타인의 인정과 존경을 받을 수 있게된다. 하지만 인덕은 나이를 먹는다고 저절로 커지는 것은 결코 아니다. 그를 위해서는 부단한 노력이 필요하다. 즉 자기 자신에 대해서는 엄격함을, 타인에 대해서는 관대함을 발휘할 줄 알아야 한다. 설령, 당장은 자신의 이익과 이해에 반한다 하더라도 스스로가 남을 진정으로 도우려는 마음을 가지려 할 때, 인덕도 그에 비례해 커질 수가 있다. 여기서 '돕는다'고 하면 흔히 돈과 물질 만으로 돕는 것을 생각하기 쉬운데, 그야말로 착각이다! 굳이 돈이나 물질이 아니더라도 우리가 남을 도울 수 있는 방법은 얼마든지 많다.

이와 관련해, 석가모니의 일화를 한번 살펴보자.

하루는 어떤 사람이 석가모니를 찾아와 호소했다.

"저는 하는 일마다 제대로 되지 않으니 대체 무엇이 문제입니까?"

"그것은 네가 남들에게 제대로 베풀지 않았기 때문이니라."

"하지만 저는 아무것도 없는 빈털터리에 불과합니다. 남들에게 줄 것이 있어야 주지, 제가 줄 수 있는 것은 아무것도 없습니다!"

"그렇지 않다. 비록 네 수중에 가진 것이 없다고 해도 네가 남을 도울 수 있는 일곱 가지 방법이 있느니라. 그것을 몸소 실천하면 네 모든 일도 잘될 것이다. 그에 대해 알려줄 터이니 귀담아 들어라!

먼저, 화안열색시(花顔悅色施)다. 늘 이웃에게 상냥하고 온화한 얼굴로 대하라! (요즘으로 하면 '미소'가 해당된다)

둘째, 언사시(言辭施)다. 이웃에게 사랑과 칭찬, 위로, 격려 등의 부드러운 말을 쓰도록 하라!

셋째, 심시(心施)다. 이웃에게 마음을 열고 사랑과 이해의 마음으로 대하도록 하라!

넷째, 안시(眼施)다. 부드럽고 온화한 눈빛으로 이웃을 대면하라!

다섯째, 신시(身施)다. 네 몸의 직접적인 수고로 이웃을 도와라! (이웃의 짐을 들어주거나 거들어주는 행위가 여기에 속한다)

여섯째, 상좌시(床坐施)다. 네가 차지하고 있는 자리를 먼저 이웃에게 양보하라! (요즘으로 말하면, 버스나 지하철에서 노약자들에게 자리를 양보하

는 행위가 여기에 속한다)

마지막 일곱째는 방사시(房舍施)다. 기거할 곳이 없는 이웃에게 잠을 재워주는 등 그들의 처지를 헤아려 네가 먼저 도와주도록 하라!

이것이 돈이나 물질이 아니더라도 네가 이웃을 도울 수 있는 일곱 가지 봉사다! 그러니 이를 기억해 네가 솔선수범하면 네 모든 일도 잘 풀릴 것이다."

석가모니는 돈이나 물질이 아니더라도 남을 도울 수 있는 일곱 가지 방법을 제시하고 있다. 이를 일명 '무재칠시(無財七施)'라고도 하는데, 이 일곱 가지 봉사 중 화안열색시, 언사시, 심시, 안시 등 네 가지 덕목은 우리 인상과 직접 연관되는 부분이다. 좋은 인상을 갖는 것은 석가모니가 말하는 무재칠시를 아우르는 진정한 봉사가 될 수 있다.

"어떤 인상을 주는가에 따라 운명이 좌우된다. 예외는 극히 드물다"라는 미국 방송인 바바라 월터스의 말과 같이, 우리의 운명을 결정짓는 중요한 요소가 바로 인상이다. 그렇기 때문에 당신의 운명을 바꾸고자 한다면, 우선 인상부터 바꿔야 한다. 당신이 인상을 풀면, 당신 인생도 풀리게 마련이다!

지금 당신의 얼굴 인상은 어떤가?

당신이 짓고 있는 온화하고 밝은 인상에 거짓됨은 과연 없는가?
온화하고 밝은 인상을 짓고 있는 만큼 당신 내면도 그에 합치하고
있는가?

◇ ◇ ◇

내면에 존재하는 무엇이
환경보다 우세하다는 점을
과감하게 믿는 사람들만이
훌륭한 무언가를 성취하는 법이다.

− 브루스 바튼

채움의
...독서
치유의
글쓰기

026

절망의 끝에서 나를 구제해준 건 책이었다

얼마 전, 신문에서 '골 넣는 수비수' 곽태휘 선수의 사연을 읽었다. 스물일곱의 나이에 배우 뺨치는 외모로만 봐서는 곱게 자란 귀공자처럼 느껴졌다. 하지만 그의 인생은 예상과 크게 달랐다. 서른이 채 안 된, 그의 지난 삶은 그리 순탄치 못했다.

곽 선수가 축구에 첫발을 내디딘 건 17세 때였다. 축구를 하기에 그의 신체조건은 그리 좋지 못했다. 축구선수로서는 치명적인 평발인 데다 만성적 허리 디스크를 갖고 있어, 신체적 조건이 남들에 비해 매우 불리한 상태였기 때문이다. 게다가 고등학교 시절 훈련 도중 맞은 공에 의해 한쪽 눈의 망막이 크게 찢어져 실명이 되는 불운을 안았고, 대학 때는 어깨 근육을 크게 다쳐 선수생활에 최대 고비를 맞기도 했다.

이렇게 곽 선수는 축구선수로 발을 내디딘 지 불과 십 년 사이 숱한 부상과 불운을 겪어야만 했다. 하지만 그는 모진 시련을 겪으면 겪을수록 특유의 잡초 근성을 발휘했다. 웬만한 사람이라면 일찍 포기하고도 남았을 모진 시련 앞에서 단 한 번도 무릎을 꿇지 않았다. 그 결과 축구선수들의 최고 꿈인 '국가대표'로 발탁되는 영광을 안았다는 사연이다.

곽 선수와 마찬가지로, 우리도 견디기 힘든 시련과 고난을 겪을 때가 가끔씩 있다. 그럴 때마다 지레 겁먹고 피하고픈 마음은 굴뚝같다. 하지만 그럴수록 꿋꿋하게 견뎌내야 한다. 우리에게 일어나는 그 어떤 일도 우리 삶에서 100퍼센트 불필요한 일이라고 단정지을 수 없다. 좋든 싫든 간에 그 모든 일을 내 삶의 한 조각으로 받아들여야 한다. 이왕 내게 일어날 수밖에 없는 일이라면 그를 당연시하는 게 오히려 마음이라도 좀 더 편할 수 있다. 그것이 바로 내 삶의 지혜가 되어줄 것이다.

지금 닥친 시련이나 고통이 감당하기 어려운 정도라면 당신에게 꼭 필요한 주문이 있다. 바로 '지금 당장은 내가 좀 힘들고 고통스럽더라도 이 일을 내 자신의 진정한 성장을 위한 발판으로 삼겠다!'라는 마음가짐이다.

"우리 삶에서 진정한 실패는 '포기'라는 낱말을 떠올릴 때다"라는 말도 있듯이, 우리가 인생 사전에서 포기라는 낱말을 찾을 때마다 우리 삶도 실패로 귀결되고 만다.

사람은 누구나 자신의 삶의 현장에서 체득한 '개별 철학(?)'이 있다. 경험을 통해 터득한 그런 삶의 알갱이들은 우리 삶이 평화로울 때보다는 힘겹고 고통스러울 때 훨씬 더 잘 발현될 수 있다.

기나긴 인생 동안 이리 치이고 저리 치이며 깨닫게 된 철학은 우리가 갖고 있는 삶의 태도에 따라서도 크게 달라진다. 즉 같은 시련을 앞두고도 자신이 얼마나 배움의 태도를 취하고 겸손한 태도를 갖느냐에 따라서 우리가 얻을 수 있는 깨달음의 수준도 크게 달라진다.

지난 내 삶을 돌아봐도 그렇다. 군데군데 운명이 파놓은 함정들 속에 깊이 빠져, 괴로운 나날들이 적지 않았다.

개중에서 가장 고통스러웠던 일은 앞서도 밝혔듯이 아버지의 사고사였다. 하지만 깊은 절망의 끝자락에서 우연히 접한 론다 번의 《시크릿》을 필두로, 그후 무척 다양한 책 선생들의 가르침을 통해서 나도 다시 한번 삶의 무대에 당당히 설 수 있었다.

또 직장상사와의 골 깊은 갈등으로 인해, 한때 조직 밖으로 내몰릴 뻔도 했다. 하지만 그 일을 겪는 중에도 늘 내 손에는 책이 들려 있었기에 충분히 견딜 수 있었다. 그리고 사표를 내기 바로 직전, 천우신조와도 같이, 그가 다른 곳으로 갑자기 발령이 나면서 운 좋게 기사회생할 수 있었다.

게다가 작년에 있었던 일도 내게는 끔찍한 사건이었다. 아내의 갑작스런 암 수술로 인해 우리 부부는 결혼 13년 만에 최대의 고비를 맞았지만 그때 당시도 나는 책에서 희망을 찾고자 했다. 다행히 그 일 또한 결과적으로 아내의 수술이 잘 되어서 무사히 넘길 수 있었다.

이렇게 지난 내 삶을 돌아보면, 갑작스런 시련이나 고난에서 오는 고통을 스스로 감당할 수 없어, 거의 백기를 들기 직전까지 간 적이 많았다. 내 인생사전에서 포기라는 낱말을 찾으려는 순간이었다. 하지만 그런 외부상황이 힘들면 힘들수록 나는 책에 더 의지할 수 있었고, 그에 따라 삶의 고통도 반감시킬 수 있었다. 그런 탓일까? 그 어떤 삶의 고통이나 고난도 그리 지속적이진 못했다. 일단 큰 고비를 한 번 넘어서자 그 강도도 점차 더 약화돼, 결국엔 모두 내 삶의 뒤안길로 희미하게 사라져 버렸다. 처음엔 면(面)과 같이, 크게 보이던 사건도 시간의 흐름에 따라 점차 조그만 점(點)으로 축소되었던 것이다. 그에 따라 나 자신도 시련 전에 비해 내면의 키가 한 뼘 더 자라났음을 알 수 있었다.

인생, 고난에서 깊이를 더하라

누구나 지난 시절 크고 작은 시련과 고통의 시기가 있었을 것이다. 또 그를 이겨내는 과정에서 적지 않은 감정 노동을 겪었을 것이다. 여기서 우리가 잊지 말아야 할 교훈이 하나 있다.

뜨겁게 달구어진 쇠가 단단한 무쇠로 거듭나기 위해선 숱한 망치질이 필요하듯이, 우리 인간도 수많은 시련과 고난을 통해서 더 큰 존재로 거듭날 수 있다는 사실이다. 제아무리 큰 시련과 고난이 닥치더라도 용기백배해 그를 넘어서고자 하는 이들에겐 한낱 과정에 불과하다. 버드나무가 세찬 바람과 돌풍에 굽을지언정, 결단코 꺾이거나 부러지지 않듯, 우리도 삶이 주는 시련에 대해 좀 더 유연한 자세를 취할 필요가 있다.

'포기가 없으면 실패는 없는 법!'

숨 쉬고 사는 동안만큼은 포기라는 낱말을 함부로 떠올려서는 안 된다. 멈추고 싶을 때 멈추게 되면 그곳이 바로 우리 자신의 무덤이 되기 때문이다.

"모든 문명, 모든 문화는 역경과 고난을 딛고 올라서는 과정에서 생긴 부산물이다"라는 역사학자 토인비의 말과 같이, 인간에게 있어 숱한 역경과 고난은 개인 역사의 발전과 성장의 밑거름이 될 수 있다. 아픈 만큼 성숙하듯이, 우리가 진정한 성장을 이루고자 한다면 역경과 고난은 전공 필수다.

얼마 전에 읽었던 김윤덕 씨의 《겪어야 진짜》라는 책에서 나는 삶의 고난들을 바라보는 소중한 시각을 다시 한번 상기시킬 수 있었다. 바로 몇 년 전, 빅터 프랭클 박사의 《죽음의 수용소》에서 읽었던 소중한 한 문장을 거기서 발견한 것이다.

"삶을 의미 있고 목적 있는 것으로 만드는 것, 이것이 바로 빼앗

기지 않는 영혼의 자유이다. 창조와 즐거움만이 의미 있는 것이 아니다. 그곳에 삶의 의미가 있다면 그것은 시련이 주는 의미일 것이다. 시련과 죽음 없이 인간의 삶은 완성될 수 없다. 사람이 자기 운명과 그에 따르는 시련을 받아들이는 과정은 그 사람으로 하여금 자기 삶에 보다 깊은 의미를 부여할 수 있는 폭넓은 기회를 제공한다. 그 삶이 용감하고 품위 있고 헌신적인 것이 될 수 있다."

이 말이 전하듯, 우리 삶에 의미와 가치를 더해주는 것은 바로 시련과 고난이다. 아무런 고통과 고민이 없는 편안한 삶에서 우리가 깨달을 수 있는 의미와 가치는 거의 없다는 사실을 기억하라. 그와 반대로 고난과 고통을 거부하지 않고 이겨내려는 인내력을 통해 우리가 얻을 수 있는 교훈은 훨씬 더 값진 것이다.

비록 당신 앞에 견디기 힘든 시련이 닥쳐온다 할지라도, 늘 책에게 물음을 던지면 반드시 책도 당신에게 답을 해줄 것이다.

배우기를 멈추는 사람은
스무 살이든 여든 살이든 늙은이다.
계속 배우는 사람은 언제나 젊다.
인생에서 가장 멋진 일은
마음을 계속 젊게 유지하는 것이다.

— 헨리 포드

027

삶에도 리모델링을 준비할 나이, 마흔

　건물이나 주택이 오래되어 노후해지면 그 쓰임새를 높이기 위해 흔히 리모델링을 한다. 삐걱거리는 건물 틀의 뼈대를 다시 강화하고 보강하는 과정이 없으면 건물의 수명도 오래가지 못하고 결국 붕괴되어 버리기 때문이다.

　마흔 이후의 우리 삶도 마찬가지다. 마치 삐걱대는 건물과 같다. 경제 형편은 한창때보다 못한 데다, 주변의 관계망조차도 그간에 먹고 살기에 바쁘다는 핑계로 엉성해졌다. 게다가 가정 안에서도 가장으로서의 위치가 한창 위태롭다.

　이렇게 주변 삶의 환경 변화에도 불구하고 사는 방식은 예전 그대로를 고수하는 사람들에게 '삶의 리모델링'을 감행할 것을 권하는 책이 있다. 바로 정우택 씨가 쓴 《아버지의 날개》이다.

◇◇◇

"지금까지 어떻게 살아왔든 이제는 자신의 인생을 살아야 한다. 중년에 맞게 인생 지도를 새로 그리고 삶도 리모델링해야 한다. 내려놓을 것은 내려놓고, 아름답게 늙어갈 준비를 해야 한다. '반짝이는 별일수록 외롭고, 어두울 때일수록 별은 비로소 빛이 난다'는 것을 기억해야 한다."

책에서 말하는 대로, 살면서 앞이 안 보이거나 힘겹다면 먼저 자신의 현재 사는 방식부터 점검해볼 필요가 있다. 이미 주변 환경은 변할 대로 변했음에도 불구하고, 당신 혼자서만 아직도 과거와 똑같은 삶의 방식을 고집하고 있는 건 아닌지 반성해볼 필요가 있다.

인간은 전형적인 환경의 동물이다. 환경이 변하면 그에 맞게끔 삶의 방식도 바꾸는 게 인간이다. 그런 측면에서 보면, 인간만큼 보수적인 존재도 없다. 변화보다는 예전 그대로의 관성적인 삶을 유지하고자 하는 이중적인 면모를 보이는 게 또 인간이다. 그렇기 때문에 변화된 삶의 환경에 맞추어 사는 방식도 재편하는, '삶의 리모델링'을 통해서 다시 한번 자신의 욕구와 바람에 맞게끔 인생을 비상(飛上)할 것을 이 책은 주문하고 있다. 책 제목이 《아버지의 날개》인 이유다.

예전 학창시절, 우리는 사회가 정한 등급에 따라 진로를 강요당하다시피 했었다. 스카이(SKY) 대학을 필두로 일류대학이니 이류대학, 지방대니 하는 구분을 해가면서 기성세대가 정한 등급에 따라 우리의 운명을 강요당했다. 또한 사회에 진출해서도 학연이니 지연이니 니편 내편 가르며 울타리를 치기 바빴다.

하지만 그후 20여 년이 지난 지금에 다시 생각해보면, 이러한 등급에 따른 인생은 이제 현실적이지도 않고, 아니 오히려 그 반대다. 나이를 먹으면 먹을수록 서로 간의 삶이 점점 더 동질화되고 평준화된다는 사실을 실감하게 되는 것이다. 다시 말해, '사람 인생? 그리 특별한 것은 없었다!'는 게 지금 내 결론이다.

잘 아는 지인의 이야기다. 학창시절, 그는 알아주는 명문대학을 다닐 정도로 촉망받는 재원(才媛)이었다. 졸업해서도 메이저 언론사에 무난히 입사했다. 하지만 채 10년도 지나지 않아, 그는 회사를 그만둘' 수밖에 없었다. 직장상사와의 골 깊은 불화 때문에 어쩔 수 없이 한 선택이었다.

사표를 던진 뒤 그의 삶은 그야말로 브레이크 없는 내리막길이었다. 미처 자신의 미래를 위해 그 어떤 대비도 하지 못한 채 뛰어든 현실은 그야말로 냉혹하기 짝이 없었다. 보험영업이니 카드영업이니 금융권 대출영업 등 온갖 일들을 전전해가면서 닥치는 대로 열심히 살았지만 그에게 남은 거라곤 비참한 현실뿐이었다. 결국, 지금 그 앞에 남아 있는 건 적지 않은 개인 빚과 꺼져가는 희망의 불씨뿐이다.

그런 그를 쭉 지켜보다가 답답한 마음에 그를 돕기 위해 나섰다. 몇 달 동안 그의 취직자리라도 알아보기 위해 사방팔방 뛰어다녔지만 결과는 너무 허무했다. 현실적으로 40대 후반의 가장이 발붙일 곳은 그 어디에도 없었다.

냉혹한 현실을 내 두 눈으로 똑똑히 확인하면서 그의 현실이 곧 내 현실로 오버랩 되는 것만 같았다. 만약 나도 그와 같이, 무작정 이곳을 나설 경우, 현재 그의 처지와 별반 다르지 않을 것이라는 결론에 이르게 되었다. 더욱이 이는 비단 그와 내가 처한 현실만은 아닐 것이다. 현재 가정을 책임지고 있는 대부분의 가장들이 마주하게 되는 엄연한 현실인 것이다.

마흔을 지나 바라보는 인생이 그리 특별할 것은 없다. 물론 개개인에 따라 정도의 차이는 분명히 있겠지만 대부분 살아가는 모습은 시간이 갈수록 엇비슷해지거나 고만고만해진다. 한때 화려했던 과거나 경험이었다 하더라도 오랜 세월 앞에 서면, 한낱 무기력한 몸짓에 불과하다. 또 예전의 일류니 이류니 하는 구분도 시간이 지나서 보면, 메아리 없는 울림과 같이 허망할 따름이다.

마흔 이후에 다시 찾는 정체성

오랜만에 아내가 아이 둘을 데리고 휴양림으로 1박 2일 여행을 다녀온다며 집을 나섰다. 친한 계원들 몇과 같이 자고 온다는 것이다. 미처 그에 대해 잘 몰랐던 나는 잠시 어리둥절했다. 사전에 일언반

구도 없었을 뿐만 아니라, 예전 같으면 내게 즉각 보고(?)하고도 남
았을 사건이지만 이번은 전혀 그렇지 않았다.

부산히 옷가지와 짐을 챙긴 뒤, 아이들을 데리고 횅하니 집을 나
서는 아내를 배웅한 뒤, 어쨌든 나도 오랜만에 꿀맛 같은 낮잠을 잘
수 있었다. 그리고 또 깨서는 TV시청에다 책을 좀 읽고 나니, 밤 9시
가 넘었다.

이윽고 밤잠을 또 청했지만 정신은 갈수록 더 또렷해지고 있었
다. 그리고 내 안에서 알 수 없는 불안감이 서서히 고개를 치켜드는
것을 느껴야 했다. 마치 내가 있는 이곳에서 핵심적인 무언가가 한
꺼번에 쑥 빠져나가 버렸다는 느낌이 들었다. 평소에 온기로 가득
했던 집안에 나 혼자만 덩그러니 남아 있는 진한 차가움에 움찔했
다. 아내에게 전화를 했다. 하지만 이쪽의 분위기와 완전 다르게, 저
쪽은 한창 화기애애하며 왁자지껄한 소리로 시끄러웠다. 이쪽과 저
쪽이 너무 많이 대비된다는 느낌을 지울 수가 없었다. 불현듯 왠지
모를 섭섭함이 불쑥 생겼다. 이곳의 남편은 혼자서 고독과 불안감
에 마냥 시달리고 있는데, 저곳의 아내는 오히려 해방감을 만끽하
고 있으니, 서로의 입장이 달라도 너무 달랐다.

"여자는 사별해도 혼자서 충분히 잘 살 수 있지만, 아내를 잃은
남편은 그야말로 홀아비 신세를 면할 길이 없어! 얼마나 보기 흉한
줄 알아? 그러니 아내보다 남편이 먼저 죽는 게 세상이치에 맞는 일
인 것 같아!"

평소 자주 듣던, 한 선배의 말이 갑자기 떠올랐다. 고개를 끄덕일 수밖에 없었다. 마흔 이후 남성의 정체성은 '가장'이라는 틀에서 크게 벗어나지 못한다. 오랫동안 가족 부양에만 신경을 쓰느라 정작 자신의 정체성은 이미 오래전에 희미해져 버렸기 때문이다.

시나브로 가장으로서의 책임과 의무만이 그들의 어깨 위에 무겁게 놓여 있다. 비록 경제적으로는 아내와 자식이 가장에게 크게 의지할 수밖에 없지만 심리적, 정서적으로 보면 상황은 그 반대다.

이렇게 마흔의 가장은 집밖은 물론, 집안 어디 한 곳에도 마음 둘 곳이 없다. 오랜 세월 자신의 삶을 제대로 돌보지 못한 대가로 자기 정체성만 몰라보게 쪼그라들었을 따름이다.

마흔을 지나는 이들이 이런 현실을 직시하고 다시 한번 스스로의 정체성을 회복하고자 한다면, 무엇보다도 먼저 '삶의 리모델링'을 서둘러야만 한다.

어떻게 하는 게 '내 인생'을 사는 것일까? 그건 바로 내 삶의 중심을 나 자신에게 두는 것이다. 지금까지 아내에게, 자녀에게, 직장에 두었다면 중심축을 내게로 옮겨오는 것이다.

인생을 리모델링하는 그 첫 단계는 바로 '나에게도 나의 인생이 있다'는 것을 깨닫는 것이다. 그런 태도를 배우자에게, 자녀에게, 사회와 직장에서도 보여줘야 한다. 그래야 아내는 남편의 삶을 인정하고, 자녀는 아빠의 삶을 존중한다.

당신의 현재 삶은 어떤가? 혹시라도 삶의 출구가 꽉 막혀 막막하게 느껴지지는 않는가? 그렇다면 당신 삶의 리모델링은 더 이상 미룰 수 없는 당장의 시급한 작업임에 틀림없다.

◇◇◇

과거의 기억이 머릿속에 가득차 있으면
새로운 것을 받아들일 수 없다.
과거에 집착하는 사람은
새로운 것을
낯선 것, 불편한 것으로 받아들이고,
결국 변화보다 불변,
차이보다 동일성에 의존하게 된다.

— 니체

028

마음이 편해야 세상살이도 편하다

30대까지만 해도 내 관심과 흥미의 초점은 늘 외부에 있었다. 젊고 신체적 활동력이 왕성했기에 모든 삶의 열정과 에너지가 외부로 향하는 건 어쩌면 당연했다. 하지만 그로 인해 받아야 했던 스트레스도 적지 않았다. 특히 많은 사람들과의 만남에서 비롯되는 이른바 '사람 스트레스(?)'가 이만저만이 아니었다.

약 10년 전쯤의 일이다.

업무상 하루에도 수십 명의 사람을 만나다 보니 그 스트레스가 무척 컸다. 심지어 몇날 며칠 머리가 지끈거릴 정도로 심각해 병원을 찾은 적도 있다. 하지만 의사는 뚜렷한 처방을 내려주지 못했다. 결국, 나 스스로 해소할 수 있는 방법을 찾아야만 했다. 그런 중에 하루는 최면전문가를 우연히 알게 되었다. 그와의 대화를 통해서 최면의 힐링 효과가 의외로 크다는 사실을 알게 되었고, 순전히 호기심에 이끌려 최면요법을 받게 되었다. 불과 한 시간도 안 되는 짧은 시간 동안 최면에 한 번 빠지고 나면, 마치 나 자신이 세상에 다시 태어난 것과 같이, 심신이 무척 가볍고 상쾌해지는 느낌이 들었다. 그러면서 나는 한참 동안 시달렸던 만성 스트레스로부터 점차 벗어날 수 있었다.

그 일을 계기로 깨달은 게 하나 있다. 우리의 관심이 늘 외부로만 향해 있으면, 우리 내면에 있는 마음의 혼란과 고통은 상대적으로 배가 될 수 있다는 사실이다. 물론 마음은 당장 눈에 띄지 않기 때문에, 우리가 그 상태를 정확하게 알아채기는 힘들다. 그렇다 하더라도 우리의 마음을 무시해서는 결코 안 된다. 정신건강과 육체건강에 가장 큰 영향을 미치는 요소 중 하나가 바로 마음이기 때문이다. 우리는 늘 마음을 애지중지 보살펴야 한다.

그런 면에서 보면, 아메리카 인디언은 무척 현명한 것 같다. 넓은 광야를 주로 말을 타고 이동하는 그들은 한참 동안 말을 내달리다가도, 꼭 한 번씩 중간에 멈춰 선다고 한다. 왜냐하면 정신없이 빨리 달려오는 동안 미처 자신의 영혼이 뒤쫓아오지 못할 것을 우려해서란다. 인디언들과 같이 늘 자연을 벗하고 사는 사람들일수록 눈에 보이지 않는 마음의 중요성을 잘 알고 있다는 생각을 하게 된다.

최근 들어, 40대들의 현실적 위기를 다루며 그에 대한 해법을 제시하는 자기계발서가 많이 출간되고 있는 실정이다. 물론 그 현상의 이면을 보면, 다양한 원인들이 있을 것이다. 하지만 나는 무엇보다도 과거 우리나라 국가 경제정책에서 그 원인을 찾고자 한다.

1990년대까지만 해도, 정부 경제정책은 주로 경제 외형을 키우는 성장위주 정책이었다. 그런 탓에 당시는 국민 개개인의 존재가치가 그리 중요한 고려 대상이 되지 못했다. 하지만 IMF 이후, 국가경제가 부도나고 국민경제가 풍비박산이 나면서, 국민들의 삶의 질도 급격하게 추락했다.

그로 인해 모두들 당장 먹고사는 것이 가장 큰 화두로 부상했다. 그런 가운데 개개인의 마음을 돌본다는 것은 더더욱 힘들어졌을 뿐만 아니라 심지어는 사치로 여기는 이들도 적지 않았다. 물론 그런 사회 현상의 이면에는, 늘 '돈'이 있었다. 하지만 모두들 그렇게 '돈' '돈' 하며 욕심을 부렸건만 정작 현실은 그만큼 풍족하지 못하다는 게 문제라면 문제다. 최근 들어 자신을 중산층이라고 떳떳하게 밝히는 이들보다 서민층으로 규정하는 이들이 과거에 비해 훨씬 더 많아졌다는 뉴스가 자주 들려온다. 이른바 자발적 서민이 예전에 비해 훨씬 더 많아졌다고 볼 수 있다.

소유 중심이 아닌
존재 중심으로 살아가기

여기서 우리가 꼭 기억해야 할 대목이 있다. 인생을 살다보면 삶이 무척 힘겹고 어려울 때가 다반사로 생길 수도 있는데, 그럴수록 나에게 진정한 위로와 응원을 해줄 수 있는 사람은 무엇보다도 나 자신이 되어야만 한다는 사실이다. 삶의 깊은 수렁에 빠져 있을 때, 펼치는 자기응원은 이미 무너져버린 의욕과 의지를 되살릴 수 있을 뿐만 아니라, '다시 한번 힘을 내, 잘 살아보자!'는 적극적인 행동으로 이어질 수 있다. 그런 이유에서 나는 다른 세대보다도 특하나 삶의 중압감이 더 큰 40대들에게 늘 적극적인 자기응원을 펼칠 것을 강조한다. 또한 그에 덧붙여 한 가지 필요한 부분이 바로 주위 가족들의 가장에 대한 응원이다.

"요즘 아빠가 무척 힘드네! 너희들의 응원과 격려가 지금 아빠에게 가장 큰 힘이 될 수 있단다!"

"이제는 내 능력의 한계를 자주 실감하게 돼! 그러니 당신이 내게 격려와 응원을 자주 해주면 참 좋겠어!"

가장으로서 당신 홀로 서 있기가 무척 힘겹다면, 이런 호소를 주변 가족들에게 한 번 해보라! 가장의 권위와 체면을 앞세우기 전에, 당신에게 가장 필요한 것은 한창 곪아가고 있는 자신의 마음을 되살리고 활력을 불어넣어 줄 수 있는 응원과 격려다.

가장이라고 해서 가족에 대한 모든 책임과 의무를 혼자서 다 떠안아야 한다는 법은 없다! 힘들고 지칠 때마다 격려를 받고 응원을 받으면 삶의 중압감이 한층 덜어질 것이다.

"삶의 보람은 소유보다 존재에 있으므로 소유 중심으로 세상을 살지 말고 존재 중심으로 살라!"

철학자 에리히 프롬의 말이다. 여기서 존재란 '자기 내면의 마음이 이끄는 대로 사는 삶의 방식'이라고 나는 해석한다. 지난 오랜 세월 우리는 얼마나 소유만을 위한 인생을 살아왔던가? 또 그렇게 치열하게 살아온 결과는 과연 어떤가? 끙끙거리는 마음의 병만 더 깊어졌을 따름이다.

우리의 마음은 어린아이와도 같다. 늘 내 관심과 손길을 많이 타기 때문이다. 항상 애지중지 당신 자신의 마음을 잘 보살펴라. 특히 마흔을 지나 시간이 흐를수록 더더욱 자신의 마음 보살피기에 소홀해서는 안 된다. 나이가 들면 들수록, 우선적으로 마음이 편해야, 삶도 편해지기 때문이다!

◇◇◇

똑같은 바람으로도
어떤 배는 동쪽으로 향하고,
어떤 배는 서쪽으로 향한다.
배의 방향을 결정짓는 것은
바람이 아니고 돛이다.
인생을 여행하는 운명의 길도
바다의 바람과 다를 바 없다.
그 방향을 결정하는 것은
평화나 전쟁이 아니고
영혼의 의지이다.
너의 의지이다.

– 엘라 휠러 윌콕스

용서로
포용하라

중국의 지도자 마오쩌뚱이 좌우명으로 삼은 '해납백천(海納白川)'이라는 말이 있다. 바다는 청탁(淸濁)을 가리지 않고, 모든 하천을 받아들인다는 뜻으로, 깨끗한 물이든 더러운 물이든 상관하지 않고 모두 다 받아들이는 바다의 포용력을 강조하고 있다. 이를 우리 인간에게 적용해보자.

얽히고설킨 인간관계 속에서 간혹 남들의 선한 말과 행동으로 이득을 얻는 경우도 있지만, 실수나 실언 등의 잘못으로 피해를 입는 경우도 적지 않다. 그럴수록 남들의 잘잘못을 탓하지 않고 용서할 때, 바다와 같이 넓은 마음의 현자(賢者)가 될 수 있다는 속뜻이다. 그런 마음이 있었기 때문에 마오쩌뚱도 중국과 같은 대국(大國)의 지도자가 될 수 있지 않았을까?

◇◇◇

세상과 다투지 않고 받아들이는 마음인 '용서'는 한편으로는 공자의 덕행과 일맥상통한다. 남의 실수나 실언 등과 같은 허물마저도 용서하는 넉넉한 마음이 곧 남들을 이롭게 하는 덕행이 된다는 것이다. 하지만 현실을 보면, 자신의 이기심과 사리사욕만을 채우는 과정에서 남들이 입는 피해나 손해에 대해선 아랑곳하지 않는 이들이 참 많다.

가령, 지하철에서 승객들이 미처 내리기도 전에 자기 자리를 먼저 잡을 요량으로 얌체같이 몸을 들이미는 이들이 있는가 하면, 회사조직 안에서도 자신의 입지를 강화시킬 목적으로, 늘 남을 헐뜯고 뒷담화에 열중하는 사람들도 있다. 이들은 타인을 공존, 공생의 대상이 아니라, 치열한 경쟁 속에서 억누르고 물리쳐야 할 '적'으로만 인식할 뿐이다. 그런 그들의 주위에는 아군이 아닌 적들만 쌓이게 되어, 마침내 자신이 먼저 배척당하고 쫓겨나는 신세가 될 가능성이 높다.

하지만 남의 허물을 보고도 포용하는 '용서'는 어떤 인간조직 속에서도 살아남을 수 있는 든든한 무기가 될 수 있다.

"남의 허물을 감싸주고 너그럽게 포용하며 용서하십시오. 용서는 사람을 순식간에 정화시키고 사랑과 이해의 문을 활짝 열어줍니다."

무소유의 삶을 실천하고 입적하신 법정 스님의 말씀이다. 말씀대로 용서와 사랑, 이해는 상대방뿐 아니라 자기 자신의 마음을 편안하고 행복하게 만든다. 되도록 많은 이들을 사랑하고 용서하며 살라는 게 스님이 우리에게 강조하고자 했던 부분이 아닐까?

사람의 기억은 그리 오래가지 못한다. 당시에는 극도의 분노를 일으키고 마음을 흥분케 만드는 사건도 불과 며칠이 지나면 망각의 늪으로 완전히 빠져들고 만다. 몇 주 전에 당신을 그리도 괴롭혔던 일을 지금 또렷이 기억할 수 있는가? 아마도 어떤 일이 있었던 건 분명한데, 기억이 가물가물 고개만 갸웃거릴 것이다. 한순간 갖는 '분노'나 '화'와 같은 불쾌한 감정도 잠시잠깐 우리 곁을 스쳐지나가는 일시적인 것에 불과하다. 마음속에 그런 나쁜 감정을 오래 담아둘 필요가 없다. 그러니 때때로 불쾌한 일을 당하더라도 그를 마음 깊이 새길 것이 아니라, 진정한 용서를 통해서 말끔히 해소해야만 한다.

사람은 누구나 실언이나 실수 등과 같은 잘못으로부터 완전히 자유롭지 못하다. 타인이 저지른 잘못도 결과적으로 보면, 나 자신이 그와 같은 상황에 처할 경우 충분히 범할 가능성이 높은 행위라고 할 수 있다. 그러니 니 잘못 내 잘못 하며 그리 야박하게 따지지 말라. 심각하게 받아들이는 대신, 용서를 통해서 완전히 잊어버리는 것이 내 정신건강에 이롭다.

도저히 용서하기 어려운 상황일지라도 용서를 한다면 그만큼 자신의 격(格)이 높아질 뿐만 아니라, 타인의 존경과 사랑을 한몸에 받을 수 있는 좋은 기회가 된다.

무릇 용서란, 내 손으로 남의 손을 씻겨주는 것과 같다. 남의 더러워진 손을 내 손으로 씻겨주면 그 과정에서 내 손도 같이 씻기어 깨끗해지듯이, 남의 허물을 덮어주는 용서를 통해서 우리 자신도 마음의 짐을 동시에 내려놓을 수가 있기 때문이다.

용서의 화신
링컨에게서 배우는 지혜

흔히 용서라는 말을 떠올릴 때마다, 언급되는 대표적인 인물이 바로 에이브러햄 링컨이다. 노예제도를 철폐한 미국의 제16대 대통령 링컨은 진정한 용서의 화신으로 널리 알려져 있다. 그는 대통령에 당선되자마자 가장 먼저 자신의 반대파를 정부의 각료로 적극 중용했다. 한때 자신의 정견(政見)에 반대를 했던 이들이지만, 국민의 통합과 화합을 위해서, 그는 사심을 버리고 자신의 반대파들을 과감하게 용서하고 그들과 손을 잡았다.

반면, 얼마 전에 내가 목격한 일은 이와는 전혀 다른 내용의 사건이랄 수 있겠다.

하루는 시내에 있는 대형서점에 들렀다. 서점 안에 발을 들여놓자마자, 실내가 한창 시끄러웠다. 60대 어르신과 서점 계산대에 있는 20대 여직원 간에 실랑이가 벌어졌는데, 내용인즉슨, 어르신이 며칠 전에 그 곳에서 책을 구입했다고 한다. 하지만 그 책은 자신이 사려고 했던 책이 아님을 뒤늦게 알게 되었고, 그날 반품하기 위해 온 것이었다. 책의 특성상 이미 구입한 책을 다시 반품하는 게 불가하다는 서점 직원과 그 사실을 몰랐던 어르신 사이에 언쟁이 벌어졌던 것이다.

여러 차례 실랑이가 있었지만 자신의 뜻이 잘 관철되지 않자, 급기야 어르신은 여직원에게 거친 행동을 하며 폭언을 퍼부었다. 여직원이 완곡하게 설명하며 양해를 구했지만 그는 요지부동이었다. 젊은 사람이 일방적으로 당하는 모습이 딱해 보였던지, 옆에 있던 아주머니가 나서서 어르신을 말렸지만, 오히려 그는 더 크게 화를 내며 아주머니에게도 입에 담지 못할 욕을 했다. 해도해도 너무 한다는 생각에 나도 어쩔 수 없이 나서야 했다. 그제서야 그 분도 자신의 입장이 더 불리해지는 것을 느꼈는지 황급히 그곳을 떠났다.

그 일을 지켜보면서, 나는 적지 않은 연세의 어르신이 단지 자신의 뜻이 받아들여지지 않는다는 이유만으로 용서나 관용은커녕, 무지막지한 행동을 일삼는 모습이 무척 안타까웠다.

그대에게 잘못을 저지른 사람이 있거든,
그가 누구이든 그것을 잊어버리고 용서하라.
그때 그대는 용서한다는 행복을 알 것이다.
우리에게는 남을 책망할 권리가 없다.

◇◇◇

프랑스 소설가 생텍쥐베리의 말이다. 이처럼, 우리도 살면서 가능한 한 남의 결점은 묻어두고 이해하는 진정한 용서의 미덕을 발휘해야 한다. 용서란 남에게 베푸는 선한 행동인 동시에, 그를 통해서 자기 자신의 내면의 짐을 훌훌 털어버리는 유익한 행동이 되기 때문이다.

인간은 남들과 따로 떨어져 혼자서 살 수가 없다. 어떤 식으로든 타인과의 관계망 속에서 이래저래 엮이며 살 수밖에 없다. 또 그 과정에서 타인의 실수나 잘못 등으로 인해, 본의 아니게 나만 피해를 입는 경우도 허다하다. 하지만 그때마다 일일이 직접 나서서 잘잘못을 따지고 그에 대해 앙갚음하려고 한다면 스스로의 부덕(不德)을 알리는 행위에 불과하다. 시시콜콜하게 시시비비를 가리는 행동이 잠시나마 마음을 편하게 만들어줄 수 있을지는 모르지만, 멀리 내다 봐서는 결국 자기 자신에게도 적지 않은 피해를 입힐 수도 있다. '눈에는 눈, 이에는 이' 식의 속 좁은 대응은 주변에 많은 적을 양산하게 될 뿐만 아니라, 결국에는 자기 스스로를 사람들 사이에서 고립시킬 수도 있기 때문이다.

'해납백천'이 전하는 바와 같이, 바다가 지구상에서 가장 넓고 깊은 형태의 물의 집약체가 될 수 있는 이유는 물의 청탁이나 종류를 가리지 않고, 그 모두를 받아들이는 포용을 했기 때문이다.

당신은 어떤가? 남들의 실수나 잘못을 따지기 전에 그들을 이해하고 용서하는 '넓은 포용력'을 발휘하고 있는가? 만약 그렇지 않다면 이것 하나만은 꼭 기억하라.

'당신의 마음이 넓어지면 질수록 그에 비례해 당신도 더 많은 세상인심을 얻을 수 있다는 사실이다.'

나 자신이 행복하기 위해선
다른 사람의 행복을 위해
있는 힘을 다해야 한다.

— 알랭

내 인생을 위한 자발적 글쓰기

학창시절에 나는 누구보다 글쓰기를 싫어했다. 밖에서 천방지축 뛰노는 것을 좋아했지, 한 곳에 가만히 앉아 글을 쓰는 자체가 내 성격과 맞지 않다고 여겼다. 그만큼 활동력이 강했다고도 할 수 있다.

하지만 30대 후반, 책을 본격적으로 읽기 시작하면서 내면이 충만해지는 것을 느낄 수 있었다. 그러자 어느 순간부터 글을 쓰고 싶다는 강한 욕구가 동했다. 입력이 많아지니 출력이 생기는 건 어쩌면 당연한 일이었다. 그렇게 시작한 글쓰기는 독서만 할 때와는 전혀 다른 느낌을 내게 안겨주었다. 물론 독서만으로도 우리는 충분한 감정적 정화를 이룰 수 있다. 하지만 그와 함께 글쓰기를 곁들이면, 우리는 보다 차원 높은 감정적 정화를 경험할 수 있다.

내가 글을 쓰게 된 동기는 우연을 가장한 필연이 아니었을까 생

◇◇◇

각해본다. 책을 몇 년 동안 미친 사람 마냥 읽다 보니 자연스레 내면
에 입력이 많아졌고, 그러자 이를 어떻게든 출력하고 싶었지만 내
게는 적절한 '도구'가 없었다. 그런 중에 어느 순간부터 잠을 자면
늘 똑같은 꿈을 주기적으로 꾸게 되었다.

'나 자신이 뭔가를 열심히 쓰고 있는 모습이었다!'

처음엔 몇 년 동안의 활자중독에 따른 일시적인 명현현상으로 여
겼다. 하지만 그 후로도 같은 꿈이 계속 반복되었고, 나는 더 이상
가만히 있을 수 없었다. '꿈은 무의식의 반영'이라는 말에 따라, 내
내면을 찬찬히 살피기 시작했다. 그러자 양적인 독서를 통해 새롭
게 형성된 나의 감정과 생각, 의식 등을 글로 표현하고 싶어 하는 내
안의 욕구를 발견할 수 있었다. 그때부터 책을 읽고 나면 꼭 일정 분
량의 글을 남기기 시작했다. 게다가 그것이 어느 정도 쌓이고 일상
적인 습관이 되자, 글쓰기에 대한 개인적 저항감도 몰라보게 줄어
들었다. 특히 힘들고 괴로운 일을 겪을수록 나는 더욱더 글쓰기에
몰입했다. 그렇게 한바탕 글로 쏟고 나면, 내 마음과 기분도 한결 좋
아졌고 행복감을 느낄 수 있었다.

몸과 마음을
치유해주는 글쓰기

우리 인생에서 벌어지는 대부분의 사건들은 늘 우리의 욕구나 바

람과 전혀 다르게 진행되곤 한다. 또 그럴 때면 긴 한숨이 절로 나온다. 하지만 이제 긴 한숨은 멈춰라! 그 대신 펜과 종이를 들어라!

우리가 갖는 스트레스나 고민, 고통 등과 같은 나쁜 감정은 어떤 식으로든 제때 해소되어야 한다. 그래야 마음도 한결 더 편안해지고 행복해지기 때문이다. 반면, 나쁜 감정을 오래 묵혀두게 되면, 그 누적된 것들이 어느 순간 폭발해 자신을 괴롭히기 시작한다. 현실적으로 글쓰기 외에 그를 해소할 수 있는 마땅한 방법이 없다.

누구나 다, 독서가 정신건강에 좋다는 건 잘 알고 있다. 하지만 글쓰기의 진정한 유익에 대해 그리 잘 아는 이들은 드문 것 같다. 시끄럽고 분주한 세상살이로부터 뚝 떨어져, 홀로 내면에 있는 생각이나 감정, 느낌 등을 글로 옮김으로써 우리는 더없는 기쁨과 즐거움을 가질 수 있다.

'뭔가를 적는다'는 것은 곧 나 자신과 나누는 깊은 대화다. 이를 통해서 우리는 혼란스러운 감정을 순식간에 잠재울 수 있다. 즉 한창 감정이 복잡하고 꼬여 있을 때 글을 쓰게 되면 단번에 삶이 평화로워질 만큼, 글쓰기를 통해서 우리가 얻을 수 있는 것은 참 많다.

내가 잘 아는 S도 지난 10년간 꾸준하게 글쓰기에 매진해 왔다. 대기업 부장으로 있는 그는 회사에서도 인정받는 능력자다. 얼마 전, 임원으로 승진도 했다. 다른 입사동기들을 제치고 늘 선두주자로 달릴 수 있었던 데는 바쁜 일상에도 꾸준히 해온 글쓰기 덕분이었다고 그는 공공연히 밝힌다. 그만큼 그는 누구보다 글쓰기 예찬

론자다. 혼자 있을 때면 늘 뭔가를 메모하는 습관이 있다 보니 그는 항상 메모지와 펜을 소지하고 다니며 자투리 시간이 생길 때마다 열심히 글을 쓴다. 그 덕분에 회사 신규 프로젝트가 있을 때마다 획기적인 아이디어와 기획안을 가장 많이 낼 수 있었던 것이다.

이것이 그가 윗사람들로부터 인정을 받게 된 비결이다! 게다가 그간에 쌓은 필력을 토대로 작년엔 생애 첫 책을 출간하는 기쁨을 맛보기도 했다.

'당장 글쓰기에 할애할 시간이 어디 있어? 먹고살기도 바쁜데!' '글 쓰는 건 내 적성과 맞지 않는 일이야!' 등 자기 자신에 대해 미리 한계선을 그을 필요는 없다. '제대로 글을 써본 경험이 없으니 난 안 돼!' 하며 고개를 흔들 필요도 없다. 단지 '글을 쓰겠다'는 뜻이 분명하고 그것이 실천으로 이어진다면 당신도 얼마든지 글쓰기의 묘미에 푹 빠져들 수 있다.

바쁘다는 말도 핑계에 불과하다. 마음먹기에 따라선 당신 스스로 얼마든지 바쁜 일상 속에서 자투리 시간을 확보할 수 있다. 그때 쓰면 된다. 게다가 적성이란 말도 당신이 직접 겪어보고 경험해보기 전에는 속단할 수 없는 일이다.

흔히 우리 인간을 몸과 마음, 두 가지로 구분 짓는다. 이는 곧 몸과 마음 둘 다 우리에게 무척 중요하며 양쪽 모두가 늘 균형적으로 발달되어야만 한다는 말로 풀이할 수 있다.

우선 몸의 발달을 위해선 운동을 꾸준히 해야만 한다. 반면 마음의 발달을 위해선 우리 스스로가 내면을 자주 들여다볼 기회를 가져야만 하는데, 그에 안성맞춤의 수단이 바로 '글쓰기'다.

우리 인생은 그 자체로써 중요하고 소중하다. 마냥 소진되어서는 안 된다. 그러니 지금 당장이라도 앞만 보며 사는 낭비적인 삶에서 탈피하길 권한다! 바쁜 걸음을 멈추고 내면을 밝히는 글쓰기를 함으로써, 당신 자신이 직접 일상과 인생을 반추해보는 건설적인 삶을 살아보라!

개개인의 삶 속에는 수많은 스토리가 숨어 있다. 그것을 캐내는 유효한 수단이 없으면 모두 자연스레 잊혀지고 만다. 하지만 글을 씀으로써 우리는 그런 소중한 스토리를 재발견할 수 있다. 또 그 과정에서 전에는 도저히 넘어설 수 없었던 삶의 문제에 대한 해결의 실마리를 문득 찾을 수도 있다.

마흔, 40대라는 나이는 과거의 미숙했던 청춘을 지나, 삶의 원숙미를 향해 가는 과정이다. 새파란 청춘과 노쇠한 노년 사이에 낀 세대라서 그런지 나 스스로도 마흔의 삶에 적응하기가 사실 쉽지만은 않다. 자칫 잘못하면 삶의 근본 뿌리마저 흔들릴 만큼 위태로운 게 바로 지금 마흔의 삶이다. 하지만 그런 내면의 혼란이 가중될수록 우리는 스스로의 생각과 마음의 초점을 다잡을 수 있어야만 한다. 그 중심에 바로 '글쓰기'가 있다.

이렇게 '마흔의 글쓰기'를 함으로써 우리는 앞으로의 삶을 좀 더 풍요롭고 충만하게 살 수 있다. 글쓰기는 분명 '백혜무해(百惠無害)'

◇◇◇

한 행동임에 틀림없다.

마지막으로, 미국의 철학자이자 사상가 헨리 데이비드 소로우가 쓴《소로우의 일기》중 글쓰기의 한 대목인 '일기쓰기'를 예찬하는 부분이 있어, 여기에 옮겨본다.

하루의 조수(潮水)여, 파도가 해변에 모래와 조개를 남기듯이

이 일기장 위에 퇴적물을 쌓아다오.

그래서 나의 육지를 키워다오.

이 일기장은 영혼의 물살이 오고 간 달력.

이 해안의 종이위에

파도가 조개와 해초를 토해내리라.

예측할 수 없는 일들 가운데 가장 이상한 것이 일기를 쓰는 일이다.

일기에 대해서는 나는 아무것도 예견할 수 없다.

좋은 것이 좋은 것이 아니고 나쁜 것이 나쁜 것이 아니다.

내면의 가장 풍부한 창고에 빛을 비추더라도

나의 계산대에는 그저 조잡하고 천한 재료들 밖에 없다.

하지만 몇 개월이나 몇 년이 지나면 나는

그 혼란스러운 더미 속에서

육로를 통해 가져온 중국의 희귀한 유물이나

인도의 보물들을 발견할 수도 있다.

나의 일기는 추수가 끝난 들판의 이삭줍기다.

일기를 쓰지 않았더라면 들에 남아서 썩고 말았을 것이다.

먹기 위해 살듯이 일기를 쓰기 위해 산다면 환영할 만한 삶은 아닐 것이다.

내가 매일 일기를 쓰는 이유는 신들을 위해서이다.

일기는 우편요금 선불로 신들에게 매일 한 장씩 써 보내는 나의 편지이다.

나는 신들의 회계사무소의 회계원이다.

밤마다 일일장부에서 원부로 그날의 계산을 옮겨 적는다.

나의 일기가 나의 사랑의 기록이 되었으면 좋겠다.

내가 사랑하는 것들,

나의 열정을 불러일으키는 세계,

내가 생각하고 싶은 것들에 대해서만 일기에 적고 싶다.

나의 열망은, 꽃을 피우고 열매를 맺기 위해 여름과 가을을 향해 가지만

아직은 따뜻한 태양과 봄의 기운 밖에 느끼지 못하는 새싹과 같다.

비록 지금은 아무 일도 하지 않고 있지만

나는 무언가가 되기 위해 여물고 있는 나 자신을 느낀다.

◇◇◇

우리 뒤에 있는 것과
우리 앞에 있는 것은
우리 안에 있는 것에 비하면
작은 문제들에 불과하다.

― 랄프 왈도 에머슨

그래도
...희망
어쨌든
행복...

마음껏
감동할 수 있는
여유

부와 성공, 명예와 같은 눈에 보이는 속물적인(?) 가치만을 좇는 요즘 세상을 살다 보면, 끈끈하고 진한 사람냄새가 그리워진다. 갈수록 사람들 간의 정이 메마르고 사회도 삭막해진다는 느낌이다. 많은 사람들이 욕심과 욕망의 부채질에 끌려가는 삶의 방식만을 추구하다 보니, 가슴 깊이 진하게 전달되는 '감동'과는 점점 더 거리가 멀어지는 삶을 살고 있는 것 같다.

작년 겨울, 서울에 사는 가까운 친척의 결혼식에 다녀왔다. KTX를 타고 동대구역을 출발해 두 시간이 채 안 걸려 서울역에 도착했다. 예식시간까지 시간이 충분히 남아있던 터라, 빠른 대중교통을 이용하는 대신 그곳까지 직접 걸어가기로 마음먹었다. 오랜만의 서울 나들이였기에 내친 김에 서울구경이나 좀 더 하자는 심사였다.

서울 지리에 대해서 젬병이다 보니, 예식장까지 가는 내내 행인들을 붙잡고 길을 물어야만 했는데, 한결같이 '고생스럽고 시간 아깝게 굳이 걸어갈 필요가 있느냐?'는 부정적인 반응들을 보였다. 도처에 깔린 게 지하철, 버스인데 괜한 생고생을 한다는 뉘앙스가 강했다. 은연중에 시간효율성을 많이 따지고 있었는데, 내 입장에서 보면 목적지까지 걸어봐야 3,40분 정도면 충분할 것 같았고 또 간만의 서울구경에 걷기운동을 겸할 수 있으니 일거양득이라 생각했다.

예식장에 도착해보니, 예상했던 것보다 약 10분이 더 걸렸다. 하지만 나는 모처럼만에 하얗게 눈덮인 겨울 한강의 아름다운 풍광을 만끽할 수 있었던 것은 물론, 몇몇 공원과 유적지의 아름다운 풍광을 감상할 수 있어 참 좋았다. 게다가 내 두 다리로 직접 걸음으로써 충분한 운동효과와 함께 몸의 활기를 느낄 수 있어 더 없는 감동이었다. 시민들이 추천해준 대로 대중교통을 이용했더라면 기회비용이라는 측면에서 볼 때 이 모든 경험도 놓치지 않았을까? 그런 점에서 보면, 비록 두 다리는 수고를 좀 했지만 내 오감을 한껏 자극한 서울구경은 내게 일종의 감동꺼리였다.

속도와 효율만을 강조하는 요즘 시대는 마치 조급증 사회와도 같다. 시시때때로 우리는 영혼까지 침해당하는 기계적인 삶을 강요당하다시피 한다. 물론 삶의 소중한 재료가 되는 '시간'을 낭비해서는 안 되지만 우리 인생 전체를 고려하면 이야기가 달라진다. 시간 낭비가 곧 삶의 낭비라고 단언하기는 어렵다. 행복에 필요한 '감동'은 평소 우리가 강조하는 효율성이나 속도와는 하등의 연관이 없다. 오히려 모두들 '비효율적이다!' '느리다!'고 폄훼하는 잔잔한 시간의 흐름 속에서 감동을 느낄 때가 훨씬 더 많다. 행복의 구성요소인 '감동'은 소위 비효율적이거나 느린 시간의 흐름 속에서 우리가 제대로 발견할 수 있는 감정 상태라고 할 수 있다.

사전을 찾아보면, 감탄(感歎)은 '마음깊이 느끼어 탄복함'으로 나와 있고, 감동(感動)은 '크게 느끼어 마음이 움직임'으로 나온다. 쉽게 말해서 감탄은 어떤 대상을 보며 '와~'하는 얕은 반응이지만, 감동은 그에 더해, 좀 더 적극적으로 호응해 마음 깊이까지 울림이 전달될 때 갖는 순수한 감정이다.

예를 들면, 우리는 타인의 성취나 성과에 대해 감탄을 하지, 감동을 하지는 않는다. 반면, 순수한 선행이나 가슴 뭉클한 사연, 아름다운 자연을 보면서 우리는 감동을 느낀다. 결과적으로, 살면서 좀 더 많은 감동에 노출될수록 그만큼 우리 삶도 행복해질 것이다.

감탄보다 더 깊은 감동을

평생토록 잦은 감동을 경험한 이와 그렇지 못한 이, 양쪽을 비교해보면, 그 둘 사이에도 뚜렷한 수명의 격차를 보인다고 한다. 전자가 후자에 비해 수명이 훨씬 더 길었다는 연구결과도 발표된 바 있다. 게다가 평소에 감동을 많이 느끼는 이들은 그렇지 못한 이들과 비교해, 인생 말년에 치매에 걸릴 확률도 훨씬 더 낮았다. 좀 더 행복하고 충만한 삶을 위해선 우리 스스로가 일상 속에서 더 많이, 더 자주 감동하며 살아야 할 것이다.

마흔을 지나며 눈물이 잦아졌다. 드라마를 보다가도 울고, 〈인간극장〉의 한 장면을 보다가도 가슴 찡해서 눈물이 흐르는 일이 잦아졌다. 심지어는 신문 기사를 읽다가도 안타까운 사연을 접하게 되면 내 눈은 자동으로 안습(?)모드다. 그런 나를 보면서 아내는 마흔이 되고부터 내가 특히 더 마음이 약해졌으며, 이도 명백한 노화의 증거라고 한숨짓는다. 하지만 나는 그렇게라도 몇 방울의 눈물을 흘리고 나면 왠지 모르게 가슴 한 쪽이 '뻥' 뚫리는 것만 같다. 지금까지 내 안에 억눌려 있던 감정의 찌꺼기들이 그 눈물을 통해서 시원하게 밖으로 배출되는 해방감이랄까.

남자 나이 마흔이 넘으면, 자신의 정신 건강을 위해서라도 가끔씩 진한 눈물을 흘려야 되나 보다. 그렇지만 눈물도 어디까지나 진한 감동을 느낄 수 있을 때 흘리게 된다. 감동은 우리의 몸과 마음이 움츠러 있을 때보다는 우리가 직접 몸으로 부딪치고 뛰어들고자 할 때 갖게 되는 감정 상태라고 할 수 있다.

남들이 이룬 물질적 성취와 지위, 명예 등과 같은 속물적 가치에 대한 감탄은 지양하도록 하자. 그 대신 시시때때로 우리에게 전해지는 감동의 물결 속으로 우리 자신이 적극적으로 풍덩 뛰어들자!

◇◇◇

이 세상을 떠날 때
갖고 갈 수 있는 것은
물건이나 돈이 아닌
'감동'이라는 추억뿐이다.
그리고 죽은 후에
다음 세대에 남는 것은
자신이 품었던 '뜻(志)'이다.

— 히라노 히데노리

032

길은
걷는 자의
것이다

후배 K가 지난 20년 동안 옮긴 직장은 무려 열 곳이 넘는다. 거의 기네스감이다. 첫 직장은 당시 국내에서 알아주던 대기업이었다. 하지만 그곳도 1997년 IMF의 험한 파고를 넘지 못하고 단박에 무너졌다. 첫 직장에서의 눈높이가 높았던 탓인지, 그 이후로 K는 약간만 성에 차지 않으면 미련 없이 퇴사와 재취직을 반복했다. 하지만 정작 자신의 기대치에 맞는 직장은 국내에 그리 많지 않았다. 그러자 그도 지쳤는지 한동안 취업을 포기한 채 서울로 홀쩍 떠났다. 그리고 3년 가까이 장사를 하면서 재미를 좀 보는 듯했다. 하지만 그게 전부였다. 어쩔 수 없이 서울생활을 청산한 뒤 다시 대구로 돌아와서는 다시 입사와 퇴사 행위가 반복되기 시작했다.

그렇게 십여 군데의 회사를 전전한 끝에, 마침내 자신의 눈높이에

◇◇◇

맞는 곳을 찾을 수 있었고 지금까지 수 년째 잘 다니고 있다. 마흔을 홀쩍 넘긴 적지 않은 나이에도 불구하고 숱한 입사와 퇴사를 거치면서까지 끝내 자기 자신의 기준에 맞는 곳에 찾아 들어가는 그의 재주가 나로서는 신기할 따름이다.

지난해 회사 송년회 자리에서 있었던 일이다. 예전과 달리, 이미 회사를 떠난 선후배들, 즉 오비(OB, Old Boys)들이 대거 초대되었다. 그 중에는 번듯하게 자기 일을 일구어 보란 듯이 사는 이들도 있었지만 그렇지 못한 이들도 적지 않았다. 특히 내 입사동기 네 명도 모두 참석했다. 한때 이곳에서 동고동락을 했던 이들이지만, 이곳을 떠난 뒤 그들이 살아가는 모양새는 천차만별로 달랐다. 동기 넷 중한 명은 현재 미군부대 군무원으로 근무하고 있는데, 자신의 생활에 만족하고 있었다. 은행권 대출영업과 보험영업을 하고 있는 두 친구는 그리 만족할 수준이 아니었다. 나머지 한 명도 한때 개인사업을 통해서 반짝 잘 나간 적도 있었지만 지금은 생계가 상당히 어려워졌다.

결국 동기 네 명 중 한 명을 제외한 나머지 세 명은 여전히 기본적인 생계조차도 제대로 해결하지 못한 채 팍팍하게 살고 있었다. 그런 탓인지 그날 나눈 대화 내용도 주로 그 틀을 벗어나지 못했다.

"ㅇ차장! 니는 무슨 일이 있어도 정년까지는 꼭 이곳에 버티고 있거라! 또 다른 길에 대한 막연한 희망을 품고 나서는 것만큼 무모하고 위험한 짓도 정말 없더라!"

"맞다! 매달 꼬박꼬박 월급을 받고 있을 때가 참 좋았지, 기본적인 수입도 없이 막연하게 사는 것만큼 고달픈 일도 없다고!"

"솔직히 우리도 여기를 나선 후, 나름 몸부림을 치며 열심히 살았지만 돌아오는 거라곤 비참한 현실 밖에 없었다는 게 지금 솔직한 심정이야!"

대부분 이런 식이었다. 하지만 내가 기억하기로는 그들 대부분이 과거 이곳을 나서기로 했을 때 나를 포함한 많은 동료들이 그렇게 만류를 했었다. 아무런 준비도 없이, 치기 어린 기분에 행동하는 그들의 모습이 너무 무모하다는 느낌을 지울 수가 없었기 때문이다. 하지만 그런 만류에도 불구하고 그들 모두가 오히려 이곳에서의 생활보다는 훨씬 더 나아질 수 있다고 호언장담을 하면서 떠났다. 하지만 이제는 그런 예전 입장과 달리, 다시 돌아와서 하는 말이 기껏해야 '너만은 여기에 끝까지 붙어 있어라'는 식이어서 듣는 내 기분도 과히 좋지 않았다. 세월이 흘러 다시 돌아와 전하는 이야기가 울타리 너머의 빛이 아닌, 어둠 일색이었기에 당시 내가 느낀 답답함도 무척 컸다.

또 다른 길에선
나만의 지도를 먼저 챙길 것

후배 K가 첫 직장 이후 수많은 회사를 전전하면서 소중한 시간을 낭비한 경우나 입사 동기들의 아무런 대책도 없이 무모한 행동만을 앞세우다 낭패를 당한 사례에서 보여지는 것처럼, 진로 변경에 대한 사전준비는 아무리 강조해도 지나치지 않다.

물론 직업전환을 통해 더 나은 길을 가고자 하는 용기와 결단을 나무랄 수는 없다. 하지만 그마저도 스스로가 진로전환을 시도하기 전에 사전에 그 분야에 대한 준비와 대비를 철저히 할 수 있어야만 한다. 절대 무대책이 대책이 될 수는 없는 법이다. 특히 한 가정을 책임지고 있고 가족들의 생계문제에 직접적인 영향을 끼치는 가장의 입장에서 보면, 경솔한 결정은 그야말로 가족에게도 치명적인 독이 될 뿐이다.

만약 내가 식당업을 하고 싶다면, 그 업종과 일에 대해서 스스로 미리 체험하면서 앞으로의 전망과 정보 등 전체 흐름을 줄줄 꿸 수 있을 정도로 철저히 대비를 해야 할 것이다. 그것이 당장의 삶의 리스크를 줄일 수 있는 최선의 방법이다. 그런 열정도 없이 허울만 보고선 그쪽 일이 괜찮을 것 같다, 라는 막연한 수박겉핥기식의 태도로는 백이면 백, 뻔한 실패만 불러올 뿐이다.

애벌레가 허물을 벗고 나비로 거듭 날 수 있기까지의 과정은 결코 단순하지 않다. 일단 허물을 벗는 성장통이라는 뼈아픈 과정이 전제되어야만 한다. 그런 절차와 과정을 거치지 않고 그 어떤 애벌레도 나비로 거듭날 수는 없다.

마찬가지로 마흔의 우리도 오랜 세월 몸담고 있던 곳에서 전혀 다른 곳으로 옮기고자 한다면 먼저 그곳에 대한 정보와 지식, 선 경험이라는 자신만의 지도를 필수적으로 갖춰야 한다. 그런 철저한 준비 없이 그 어떤 이직도 성공을 보장하기 어려운 법이다.

"행운이란 기회가 준비를 만났을 때 생기는 것"이라고 갈파한 철학자 세네카의 말을 빌려보면, 우리 인생에서 행운은 절로 우리에게 찾아오는 것이 아니다. 먼저 내가 정성껏 그린 '나만의 지도'라는 준비와 '또 다른 곳으로의 도약'이라는 기회가 제대로 합치될 수 있을 때 '더 나은 이직'이라는 행운이 우리에게 찾아오는 것이다.

그런 의미에서 마흔 생은 또 다른 길을 찾는 데 급급한 시기가 돼서는 곤란하다. 그보다는 지난 삶의 경험과 현실감각을 바탕으로 진로변경이 이루어질 수 있는 정확한 나만의 지도를 그리는 시기가 되어야만 할 것이다.

◇◇◇

미래 준비는
현재의 쾌락이나 즐거움,
그리고 편안함의 일부를
유보하는 데서부터 출발한다.

— 공병호, 《습관은 배신하지 않는다》

033

내 삶의
고유 속도를
정하라

중국 고전《노자》의 도덕경을 보면, '치대국 약팽소선(治大國 若烹 小鮮)'이라는 말이 나온다.

'큰 나라를 다스리는 것은 마치 작은 생선을 삶는 것과 같다'는 말로써, 생선을 삶을 때 수저로 마구 휘저으면 생선이 뭉개져버려 못 먹듯이, 나라를 다스릴 때도 정사(政事)를 번거롭게 하지 말고, 정도껏 세상의 흐름에 맡기라는 속뜻을 전한다. 나서야 할 때와 나서지 말아야 할 때를 제대로 구분할 필요가 있음을 강조하는 말이다.

하지만 우리는 당장에 조급하고 경솔한 마음에, 혹은 나 아닌 남을 믿지 못하는 불신감에서 군이 직접 자신이 나서야만 좋은 결과를 얻게 된다는 자기편견에 쉽게 빠지곤 한다. 스스로를 고집하지 않는 물과 같이, 대세에 따라 일을 맡기려 하기 보다는 기어이 자신

◇◇◇

이 나섬으로써 도리어 일의 결과를 망쳐놓는다. 만약 그런 경우라면 자신의 부덕(不德)함을 탓할 수밖에 없는 일이다.

어릴 적 내 별명은 '털팔이('더펄이'의 방언)'였다. 항상 덤벙대고 성격이 급해 실수를 자주 저지르자, 보다 못한 모친이 지어준 별칭이다. 매사를 좀 더 차분하고 침착하게 처신했더라면 결과도 좋았을 텐데, 나 자신의 덤벙댐으로 인해 크고 작은 실수도 참 많았다. 지난 과거를 돌이켜보면, 아직까지도 내 기억에 잊혀지지 않고 생생하게 남아 있는 뼈아픈 추억이 두 개 정도 있다.

첫 번째는 초등학교 6학년 때의 일이다.

당시 나는 학교를 대표하는 악대부에 소속되어 트럼펫을 맡고 있었다. 전국대회를 앞두고 우리는 몇 달 전부터 밤늦게까지 학교에 남아 합주 연습에 집중했다. 게다가 당시 대회를 우리 학교가 처음으로 주최하다 보니, 악대부원들의 어깨도 무거웠다. 하지만 대회 당일, 내 트럼펫에 갑자기 문제가 발생했다. 트럼펫 내부에서 소리를 조절하는 피스톤이 고장 나 음 전체가 고르지 못했다. 몇 달 동안이나 열심히 연습하며 손에 익숙해진 트럼펫을 갑자기 쓸 수 없게 되자 나도 적잖이 당황했다. 할 수 없이 타 학교 학생의 것을 잠시 빌려야 했다. 그러나 그마저도 손에 익숙하지 않은 탓에 결국 본 합주에서 박자를 크게 놓치며 나는 결정적인 실수를 범하고 말았다.

그 결과 우리 학교가 대회 주최교였음에도 불구하고 본선에서 꼴찌를 하는 수모를 당했다. 죄책감에 고개를 들지 못했다. 덤벙대며 침착하지 못한 내 성격 때문에 일어난 일이었다. 이미 30여 년이라는 긴 세월이 흘렀지만 아직도 그때를 생각하면 가슴이 답답해온다. 만약 그때 내가 좀 더 꼼꼼하고 침착하게 트럼펫을 미리 살피고 사전점검을 철저히 했더라면 충분히 예방할 수도 있는 일이었다.

두 번째 일은 고3 때 일어났다.

대입학력고사를 1년여 앞두고 난데없이 논술시험이 채택되었다. 교육정책의 일환으로 도입된 임시변통식 제도였다. 짧은 시기에 급조된 제도이다 보니 나중에는 본래 취지는 퇴색되고 형식적인 통과의례가 돼 버렸다. 적당한 분량의 글을 쓸 능력만 갖추면, 합격당락에 크게 영향을 미치는 요소가 아니었다. 하지만 시험 당일 받아든 논술 주제는 그동안 내가 공부했던 분야와 전혀 달랐다. 나도 모르게 지레 겁을 먹고 크게 당황하고 말았다. 결국 논술시험 중간에 시험을 포기한 채 부리나케 시험장을 떠났다. 결과는 불합격이었다.

좀 더 침착하고 여유 있게 논술시험에 끝까지 임했더라면 결과가 완전히 달라졌을 거라는 아쉬움이 많이 남는 사건이었다. 이 일 역시도 덤벙대는 급한 내 성격에서 비롯된 어처구니없는 실수였다. 다시 한번, 나의 털팔이 성격을 탓할 수밖에 없는 일이었다.

위의 두 사건 모두 그 원인을 따져보면, 늘 덤벙대며 성급한 내 성격에서 비롯된 부분이 가장 컸다. 매사를 좀 느긋하고 차분하게 대응했더라면 결과는 물론이요, 현재 내 삶도 사뭇 달라졌을 것이라는 때늦은 후회가 여전하다.

다시 아날로그로
다시 슬로우로

요즘과 같이, 속도와 효율성을 지나치게 강조하는 시대에는 많은 이들이 시간에 쫓기며 조급증을 내기 일쑤다. 그럴 때마다 내 특유의 털팔이 성격 때문에 실패했던 숱한 일들이 떠오른다. 급할수록 돌아가라는 말도 있지만 그에 부합하는 시대적 분위기는 아닌 것 같다. 디지털 기술의 집약체인 스마트폰의 기하급수적 보급으로 인하여 이제 '실시간'이란 용어는 지금 시대의 정보유통 상황을 대표하는 말이 되었다.

하지만 스마트폰의 편리성 못지않게 그로 인한 정보공해와 게임공해는 이미 심각한 사회문제로 대두되었다. 깨어 있는 동안에는 늘 스마트폰을 쥐고 무언가를 해야만 안심이 된다는 '스마트폰 불안 증세'를 호소하는 이들도 급속도로 증가했다. 느리고 더딘 것을 외면하면서 빠르고 즉각적인 것만을 선호하는 디지털문화가 초래한 간과할 수 없는 폐해들이다.

물론, 이에 대한 반대적인 입장도 분명히 있다. '휴대폰 청정지역'이라는 말이 있다. 이는 불통(不通)지역과 다른 개념이다. 기지국이 설치돼 있지 않아, 휴대폰 통화가 어려운 곳을 불통지역이라고 한다면, 청정지역은 자발적으로 휴대폰 사용을 막는 곳을 뜻한다. 국내의 대표적인 휴대폰 청정지역은 몇 년 전 법정스님 다비식이 열렸던 송광사를 들 수 있다. 그리고 외국을 보면, 캐나다의 브리티시 콜럼비아 주에 있는 슬로칸밸리 마을이 여기에 속한다.

"휴대폰을 사용하지 못하는 것이 오히려 우리 마을의 강점이 된다. 일상에 지친 현대인들에게 '자연'은 유일한 탈출구가 될 수 있기 때문에 벨소리가 나지 않는 이곳이 바로 자연의 바람에 제대로 귀를 기울일 수 있는 청정지역이라고 할 수 있다. 이곳 마을 주민들은 그에 대한 자부심이 대단하다"라는 슬로칸밸리 경제국의 주장은 고개를 끄덕이게 만든다.

큰 나라를 다스린다고 해서 반드시 큰 힘이 요구되는 것은 아니다. 세상의 흐름도 보고 자신의 역량의 한계도 잘 살펴서 탄력적으로 자신이 나설 때와 아닐 때를 조절하는 여유 있는 대응 태세가 바로 이 시대가 요구하는 현명한 리더의 덕목이 아닐까?

마찬가지로, 덤벙대며 성급한 털팔이 문화 속에서 내가 나서면 잘될 것이라는 아집이 생길 때마다 의도적으로 삶의 속도를 한 템포 늦출 필요가 있다. 그런 균형감각이 오롯이 유지될 수 있을 때 지금의 성급한 디지털 세상 안에서 우리가 그토록 원하는 행복한 삶을 충분히 누릴 수 있을 것이다.

"내일 지구가 멸망할지라도 오늘 나는 사과나무를 심겠다"라고 설파한 철학자 스피노자의 말처럼, 행복은 내가 주도적으로 살되 여유를 잃지 않는, 자기 나름의 인생 속도를 잘 유지할 때 가능한 일이다.

◇◇◇

생각할 수 있는 시간을 갖도록 하자.
그러나 행동을 해야 할 때가 되면
생각하기를 멈추고
바로 행동으로 뛰어들어라.

− 나폴레옹 보나파르트

034

내 인생은
계속
i.n.g.

"무대 위에서 죽고 싶습니다. 서 있는 채로 말입니다!"

유명한 스페인 출신 가수인 훌리오 이글레시아가 한 말이다. 그만큼 가수로서의 그의 열정은 무척 뜨거웠다. 하지만 그의 초년 인생은 그리 순탄치 못했다.

산부인과 의사인 아버지와 스페인 유명 작가의 딸인 어머니 사이에서 태어난 그는 어릴 적부터 양친 사이의 심한 불화로 인해 불행했다. 12살 때는 교내 합창단원 모집에 응모했지만 "차라리 축구선수나 해라!"는 심사위원의 비아냥거림을 받을 만큼 노래에도 그리 소질이 없었다. 그러나 아이러니하게도 그는 그때부터 축구선수가 되기 위한 꿈을 키우고, 각고의 노력 끝에 축구선수가 된다. 결국 스페인 레알 마드리드 팀의 골키퍼로 활약할 정도로 선수로서의 재능

◇◇◇

을 인정받고 명성을 누린다. 하지만 19살 무렵, 타고 있던 자동차가 전복되는 큰 사고를 당하면서 두 다리가 완전히 마비되는 불운을 안는다. 그런 엄청난 시련에도 불구하고 이글레시아는 전혀 굴하지 않고, 다시 걸을 수 있다는 강한 신념과 불굴의 정신력을 발휘해 마침내 재활에 성공한다.

사고 후 5년 만에 다시 정상인으로 회복한 그는 거기서 멈추지 않는다. 자신의 어릴 때 꿈인 가수가 되기 위해 다시 한번 열정을 불살라, 결국 스페인을 대표하는 가수로 일약 스타덤에 오르게 된다.

그의 가장 유명한 곡인 〈그래도 인생〉은 사고를 당해 병상에 누워 있었을 때 자신을 적극적으로 격려해준 아버지가 자주 했던 말인 "그래도 인생은 계속 된다!"를 모티브로 삼았다고 한다.

청춘이란 인생의 어떤 기간이 아니라 그 마음가짐이네.

장밋빛 뺨, 붉은 입술, 유연한 무릎이 아니라

늠름한 의지, 빼어난 상상력, 불타는 정열,

삶의 깊은 데서 솟아나는 샘물의 신선함이라네.

청춘은 겁 없는 용기, 안이함을 뿌리치는 모험심을 말하는 것이라네.

때로는 스무 살 청년이 아니라 예순 살 노인에게 청춘을 보듯이,

나이를 먹어서 늙는 것이 아니라 이상을 잃어서 늙어 간다네.

사무엘 울만의 시 〈청춘〉의 일부분이다. 이상(理想), 즉 꿈과 그에 대한 열정을 강조하고 있다.

지금 당신은 꿈을 가지고 있는가? 만약 꿈이 있다면, 그 꿈에 대한 열정은 얼마나 뜨거운가? 꿈과 그에 대한 열정이 없다면 아무리 신체 나이가 젊다고 하더라도 그는 이미 '늙었다!'라고 표현할 수밖에 없다. 그만큼 생기와 활력을 잃어버렸기 때문이다.

세월이 흘러 신체가 늙는 것은 어쩔 수 없는 자연의 법칙이다. 생로병사는 모든 생명체들이 겪어야 하는 운명이다. 하지만 그런 통상적인 시간의 흐름과 무관한 나이가 있다. 바로 꿈을 향한 '열정의 나이'다. 꿈을 이루고자 하는 내면의 열정이 얼마나 뜨거운가에 따라 달라지는 나이라고 볼 수 있다. 그렇다면 꿈을 이루고자 하는 열정의 온도가 얼마나 뜨거운가에 따라서, 20대 늙은이가 될 수도 있고 40대 젊은이가 될 수도 있다. 그만큼 인간에게 있어 꿈을 향한 열정은 삶의 종착지에 이르기까지 강한 생명력으로 작용한다.

내 인생의 시계와
나침반 활용법

"주위 친구들과 같이 있으면, 이미 대부분이 삶의 생기를 너무 많이 잃었다는 느낌이 들 때가 많습니다!"

절친한 칠순의 병원장님이 가끔씩 내게 하는 말씀이다. 친구들 대부분이 이미 현역에서 은퇴한 상황이어서 그런지, 모두들 삶의 목적과 방향을 잃고선 하루하루 그냥 그렇게 연명하듯 사는 모습을 볼 때마다 무척 답답함을 느낀다고 했다.

그와 달리, 그 분은 아직도 본인의 나이가 무색할 정도로 무척 활동적이다. 어찌나 열정적인지 칠순의 나이에도 여전히 의료 현업에서 왕성한 활동을 펼치고 계시며, 전혀 생소한 분야의 공부를 새로 시작할 만큼 배움의 열의가 무척 뜨겁다. 그 분이 그렇게 젊은이 못지않은 열정을 가질 수 있게 된 이유는 나와 마찬가지로, 20년 가까이 합기도 수련을 해오며 건강을 잘 유지하고 계신 덕분이다.

하지만 40대 후반까지만 해도 그의 건강은 그리 좋지 못했다고 한다. 직업특성상 늘 앉아서 환자를 돌봐야 하는 탓에 정작 자신의 건강을 제대로 챙기지 못한 대가였다. 그런 중에 우연한 기회에 합기도에 입문하고는 지금까지 꾸준히 수련을 해오며 건강도 무척 좋아졌다. 또 몸이 건강해지니 삶의 활력과 열정도 넘쳐나기 시작했다. 그 결과 현재, 경영대학원 수학(修學), CS(고객만족)교육 전공 등과 같이, 다양한 분야에서 여전히 자기 삶을 뜨겁게 달구고 있다. 그렇기에 그 분 역시도 여전히 젊다!고 당당히 밝힐 수 있지 않을까?

우리 인간에게 있어 열정의 힘은 무척 세다. 신체나이라는 외적인 한계를 훌쩍 뛰어넘을 만큼 강력하다. 뜨거운 열정은 우리 몸과 마음은 물론이요, 운명까지도 바꿀 수 있을 만큼, 우리를 이끄는 강력한 자석이 된다.

훌리오 이글레시아의 경우, 신체적 장애에 굴복하지 않고 극복한 후, 스페인 최고의 유명가수로 거듭 날 수 있었던 결정적 이유는 가수라는 꿈을 향한 뜨거운 열정이 있었기 때문이다. 또 칠순의 병원장님이 배움에 대한 뜨거운 호기심과 그에 대한 행동으로 자신을 달굴 수 있었던 이유도 건강을 바탕으로, 늘 새로운 것을 배우고자 하는 뜨거운 열정이 있었기 때문이다.

많은 40대들이 이제 1막 직업의 은퇴마저 고민해야 하는 상황에 놓여 있다. 지난 세월과 달리, 앞으로의 인생만큼은 후회가 아닌, 나름의 의미와 가치를 부여할 수 있기 위해선 무엇보다도 자신의 꿈과 그 꿈에 대한 뜨거운 열정이 전제될 수 있어야 한다. 꿈을 이루고자 하는 열정이 강한 사람과 그렇지 못한 사람은 이후 삶의 궤적도 하늘과 땅 만큼이나 차이가 날 수밖에 없다. 꿈을 향한 갈망이 그 사람의 생각뿐만 아니라 그의 삶 전체를 지배하기 때문이다. 그들의 인생 사전에는 '(삶의)무료(無聊)'라는 낱말이 끼어들 겨를이 없다.

병아리가 알을 깨고 넓은 세상으로 나오기 위해서는 알 바깥 세상에 대한 희망과 알을 깨고 나오겠다는 열정이 있어야만 한다. 그래야만 자신이 발 딛고 있는 좁은 세계인 알을 박차고 나올 수 있는 것이다. 마찬가지로 1막 직업의 마무리 단계에 이른 마흔들이 최소한 앞으로의 생을 자신이 진정 원하는 꿈과 열정으로 꽉 채울 수 있도록 헌신의 노력을 다해야 하지 않을까? 그런 의미에서 지금 마흔 생은, 시계만 보는 급급한 시기가 아니라 자신의 꿈과 열정을 이끄는 나침반을 보는 시기가 되어야 할 것이다.

내가 꿈꾸는 것은
무엇이든 할 수 있다.
시도하라.
대담한 시도는
그 내부에 천재를 가지고 있고,
막강한 힘을 가지고 있으며,
신비한 힘을 가지고 있다.

– 요한 볼프강 괴테